国际关系学院国际政治国家级一流本科专业建设系列规划教材

外交案例分析

李春霞·著

时事出版社
北京

“国际关系学院国际政治国家级一流本科专业建设系列规划教材”编审委员会

（按姓氏笔画排序）

总　　序

国际关系学院是一所与共和国同龄的高等学府，建校以来始终响应党和国家号召，践行“为党育人、为国育才”的光荣使命，坚持“政治建校”的办学传统，坚持“小而精、特校特办”的办学理念，秉持“忠诚、勤奋、求实、创新”的校训精神，不断创新“厚基础、宽口径”的人才培养模式，培养了一大批政治素质过硬、国际视野开阔、研究基础扎实、人文素养深厚，具有创新能力和领袖素质的复合型卓越人才。

国际政治系发轫于国际关系学院1980年设立的国际关系教研室，1984年正式建系，是我国改革开放后首批设置国际政治本科专业的院系之一。国际政治系始终坚持以学科建设为龙头，以人才培养为核心，秉承“知政为国、胸怀天下”的系训，培养具有高度政治觉悟、扎实外语基础、广博专业知识、开阔战略视野，胜任国家机关、研究机构、高等院校、企事业单位国际问题研究或教学、外事外宣业务管理工作的高级专业人才。国际政治系拥有一支规模适度、结构合理的优秀师资队伍，45%的教师具有高级职称，多人具有博导资格，多人获得北京市教学名师和部级优秀教师等荣誉称号，多次获评省部级优秀教学团队。建系至今，国际政治系已为政府部门、科研院所、企事业单位、传播媒体等培养输送了大批优秀人才。许多毕业生已经成长为蜚声中外的专家学者和业务骨干。

2019年，国际政治专业被教育部评为国家级一流本科专业建设点。2021年，国际关系学院获批博士学位授予单位和政治学一级学科博士学位授权点。自此，国际政治系建设被赋予推动新文科建设，做强一流本科、建设一流专业、培养一流人才，全面振兴本科教育，提高高校人才培养能力，实现高等教育内涵式发展的新历史使命。《习近平新时代中国特色社会主义思想进课程教材指南》指出，教育是国之大计、党之大计。“培养什么人、怎样培养人、为谁培养人”是教育的根本问题，事关中国特色社会主义事业兴旺发达、后继有人，事关党和国家长治久安。课程教材集中体现党和国家意志，是育人的载体，直接关系人才培养方向和质量。推动我国教育改革创新发展和培养担当民族复兴大任时代新人，必须牢牢坚持以习近平新时代中国特色社会主义思想为指导，将其贯穿于教育教学全过程各环节。全面落实《习近平新时代中国特色社会主义思想进课程教材指南》，对引导广大青少年树立马克思主义信仰，坚定中国特色社会主义道路自信、理论自信、制度自信、文化自信，立志听党话、跟党走，形成正确的世界观、人生观、价值观，具有重大意义。作为国际政治专业国家级一流本科专业建设的重要组成部分，出版一批国际政治专业高质量课程教材，特别是教材建设相对滞后的课程教材，既是体现我系教师教学科研水平的主要途径，也是进一步规范我系教学管理，持续提高育人质量的应有之义。

为加强对系列规划教材建设工作的指导与监督，确保教材编写高质量，我系专门邀请了一批熟悉我系基本教学情况的院内外学者成立“国际关系学院国际政治国家级一流本科专业建设系列规划教材”编审委员会，负责教材总体规划、具体编写指导等工作。同时，教材在编写、出版过程中也严格遵照国际关系学院教学、科研管理相关规定，落实立项、资助审批及成果评审、验收等手续，以确保教材编写工作顺利有序推进。

“国际关系学院国际政治国家级一流本科专业建设系列规划教材”是我系第一次集中组织力量开展课程教材编写工作，既包括对国际政治传统课程教材的更新，也包括在新设区域国别学和国家安全学一级学科背景下对相关课程教材的补充。国际政治是一门相对年轻的学科，在我国的发展也不过寥寥数十载；学科所具有的极强政治属性，使得学界在概念、观点等方面很难形成统一认知；加之编写人员水平与时间有限，本套教材难免存在疏漏与不妥之处，希望专家、同行及广大读者在给予理解、支持的同时，不吝提出宝贵意见与建议，以便日后进一步对相关内容予以调整和改进。最后，衷心感谢学院领导、兄弟院系和相关部门对教材编写工作的大力支持，感谢时事出版社领导和工作人员在教材编审、出版过程中的辛勤付出，正是他们的关心与帮助，使得本套教材能够与广大读者见面。

罗英杰

前　言

随着全球化和信息技术革命的加速发展，国际社会相互依赖日益加深，各国互动更加密切，需要共同面对的挑战与问题日益严峻。而作为构成国际体系主体的民族国家，在对于国家利益的计算和对于国际体系的驾驭上却日益呈现出多元化、复杂化趋势。非传统安全、全球性问题、国际冲突、区域一体化、发展与安全这些因素已成为一国外交研究的核心问题，它们既是当代许多外交谈判和对话的主题，也正构成各国对外交往的场景和环境。如何理解国家的行为？特别是国家的对外行为，这是我们理解国际关系问题的根本所在。

本书是在国际政治专业课《外交案例（实践课）》教学实践基础上写作而成。本书从民族国家出发，对国家对外交往中所涉及的不同问题领域进行归纳，在对该问题领域的由来、概念界定、相关理论解释，以及所面临的挑战和问题等进行阐释的基础上，选取具体国家的典型外交案例进行分析。根据国际社会发展和国家间交往议题的变化，本书将国家对外交往中所涉及的不同问题分为若干专题领域，如对外援助、多边外交、公众舆论、全球治理、海外利益保护和外交沟通等，并以 2006 年非洲成为日本优先援助地区、2000 年中国倡议与东盟建立自由贸易区、2016 年英国脱欧公投、2001 年美国退出《京都议定书》、2011 年中国利比亚撤侨行动和 2016 年雅万高铁建设的波折为案例，探索国家对外行为的内在逻辑，思考该专题领域所体现出的共性。

虽然以案例为题，本书并不仅仅只停留在外交事件的来龙去脉本身，而是以国际政治视角，从国家立场出发，更加关注同类事件所特有的共性与延伸出的理论问题，以期引导读者能够探寻问题本质，理解当代外交的纷繁复杂。

本书可作为相关课程的教学参考书，也可作为国际关系问题爱好者拓展国际视野，培养观察思考能力的阅读书籍。

李春霞

2023 年 9 月

目 录

Contents

导　　论

从民族国家视角出发，理解国家对外行为，其实就是对一国外交行为的探索。而外交无论是作为一个职业还是作为一门学科，都有着悠久的实践史和学科史。

一、外交及外交的复兴

自格劳秀斯等创设了国际法，1626 年法国设立了专门的外交管理机构。特别是《威斯特伐利亚和约》确认了常设外交使节制度后，外交体系逐渐建立并日趋完善。欧洲各国在实践中形成的一整套外交制度、惯例、思想和形式，随着其在全世界的影响而不断推广和传播到了世界其他地区，现代所言的外交因此形成。① 在此期间所形成的思想和观念，如“普遍和平与正义原则”“不干涉原则”和“民族自决与独立”思想等不断影响着国家间关系。

进入 20 世纪后，人类经历了两次世界大战，殖民地半殖民地的民族国家纷纷争取解放和独立，大量新兴民族国家涌现。战争的惨痛，使得人们更加感受到和平的珍贵。再加上交通与通信技术的革命性进步与发展，以及经济等要素的作用增强，国与国之间的联系日益密切。外交受到各国政府的重视，外交的地位不断提高。各国之间的外交活动更加活跃与频繁，外交沟通渠道增多，形式更加多样。

---

① 张季良：《国际关系学概论》，世界知识出版社 1989 年版，第 75—76 页。

（一）关于外交

关于外交的定义，中外学者给出了不同的答案。欧内斯特·萨道义认为，外交是“运用智力和机智处理各独立国家政府之间的官方关系，有时也推广到独立国家与附庸国之间的关系，或者简单地说，是指用和平手段调节和处理国与国之间的关系”①。这里强调了外交包含的三个内容：外交是“智力”和“机智”的运用；外交是“国家之间”的事务；外交是和平的。布莱恩·怀特更加侧重于外交的谈判与沟通功能，认为“外交是在国际体系运作中居中心地位的沟通过程，是国际行为体通过谈判与对话解决冲突，并且是沟通过程的制度化与职业化”②。而尼科尔森则进一步强调，“外交就是用谈判的方式处理国际关系，它是大使和使节用来调整和处理国际关系的方法，外交是外交官的业务或技术”③。

中国学界将外交看作“以主权国家为主体，通过正式的国家的机构与人员的官方行为，使用交涉、谈判和其他和平方式对外行使主权，以处理国家关系和参与国际事务，是一国维护本国利益及实施对外政策的重要手段”④。相较于西方，中国更突出外交的主权性、政治性与和平性。《辞海》中对外交的解释是：“国家为实行其对外政策，由国家元首、政府首脑、外交部、外交代表机关等进行的诸如访问、谈判、交涉、发出外交文件、缔结条约、参加国际会议和国际组织等对外活动。外交是国家实现其对外政策的重要手段。”⑤《中国大百科全书》中的外交定义是：“国家以和平手段对外行使主权的活动，通常指国家元首、政府首脑、外交部长和外交机关代表国家进行的对外交往活动。”⑥

---

① ［英］戈尔－布思主编，杨立义、曾寄萍、曾浩译：《萨道义外交实践指南》，上海译文出版社1984年版，第1页。

② John Baylis and Steve Smith, eds., *The Globalization of World Politics*, Oxford University Press, 1998, p. 250.

③ Harold Nicolson, *Diplomacy*, Oxford University Press, 1950, p. 15.

④ 鲁毅等主编：《外交学概论》，世界知识出版社1997年版，第5页。

⑤ 《辞海·国际分册》，上海辞书出版社1981年版，第212页。

⑥ 《中国大百科全书·政治卷》，中国大百科全书出版社1992年版，第366页。

进入21世纪，经过多次专题探讨和研究，中国专家学者对外交做了新的定义，即“国家以和平方式通过正式代表国家的行为在对外事务中行使主权，以处理与他国关系，参与国际事务，是一国维护本国利益及实现对外政策的重要手段，不同的国家利益和对外政策决定一国外交的不同性质、内容和特色，形成不同形态的外交。”[①]

外交的主体是主权国家，“国家主权意味着该国在对内、对外政策上的自主性，不受外国统治的独立性。”[②] 只有享有主权独立的国家才享有外交权，外交权是国家主权的一种体现。外交就是主权国家通过自己的官方代表，通常指由国家元首、政府首脑、外交部长及其他经正式授权的外交代表，以国家、政府、外交部及常驻外交代表机关名义从事的诸如谈判、交涉、访问、会晤、发表谈话、发出外交文件、缔结不同形式的条约及参加国际组织和国际会议等对外活动。

这里需要厘清外交与几个相关概念之间的关系。首先是外交与对外政策，对外政策是实现一国在特定时期的特定目标的路线和方针，而外交是一个国家实施对外政策的工具，是落实对外政策的方法和过程。对外政策是外交得以开展的指导思想，没有明确的对外政策，就不可能有目标清晰的外交。[③] 正如尼科尔森所言，“外交不是一种目的，而是一种手段，不是一项宗旨，而是一种方法。外交是落实对外政策的主要手段，但非唯一手段”。[④] 也就是说，外交是一国实施其对外政策的工具或手段。对外政策是做出对外关系的决定，外交的首要任务是恰当地执行它们。在全球化的背景下，由于对外政策的制定者频频登上外交舞台的前台，成为对外政策的实施者，成为最高级别的外交官，所以外交与对外政策很难区分。

其次是外交与国际关系，从学科角度上讲，外交学是作为分支学科包含在国际关系或国际政治专业之内的。国际关系是行为体之间关系的

---

① 钱其琛主编：《世界外交大辞典（下卷）》，世界知识出版社2005年版，第2045页。

② 王沪宁：《国家主权》，人民出版社1987年版，第11页。

③ 张清敏：《对外政策分析》，北京大学出版社2019年版，第4—5页。

④ Harold Nicolson, *Diplomacy*, Oxford University Press, 1950, p. 15.

状况和过程，主要在于揭示结构性特点，更强调体系层次。外交学则聚焦于国际体系中国家行为体的对外政策与对外行为，即从单元层次观察国际关系、国际政治，同时反观不同国际关系下国家的行为特点。

从实践层面上讲，国际关系中行为体的互动主要是通过行为体的对外行为体现出来，也就是说，国家之间的互动构成了国际关系的基本面貌。一方面，各国的对外交往与活动，即外交实践，构成了国际层面的国家间互动，形成了一定的国际体系结构或力量分布状态；另一方面，国际关系体系层次的结构、观念一旦形成，又约束和限制着体系内每个国家的对外决策与对外行为，成为国家开展外交的外部环境。所以，外交关注行为体之间的互动方式，倾向于手段、智慧和技巧的运用，是从国家层次考量如何应对外部压力实现国家利益的最大化；而国际关系则是从体系层次揭示行为体之间的结构性特点，找寻国家行为背后的一般性规律。两者虽然处于不同层次，但相互之间存在着紧密的相互联系与相互作用。观察和研究一国外交必须将其放在特定的国际环境之下，不能孤立对待，而各国根据国际局势进行外交实践的同时，也在推动着国际格局的快速转型。

所以，外交是最有活力的社会实践活动，总是根据生产技术的进步和世界格局的变迁而发展变化。关于外交的分类，从方式上，有双边外交与多边外交；从领域上，有经济外交、文化外交、科技外交、体育外交、军事外交等；从主体和客体上，有首脑外交、议会外交、政党外交、军事外交、公众（民间或人民）外交、二轨外交等；从手段上，有强制外交、威慑外交、预防外交、穿梭外交、秘密外交等。

（二）外交的复兴

外交实践起源于古代中东，当代外交实践和外交学的研究则追溯到古代欧洲。格劳秀斯、黎塞留、卡利埃、威克福、萨道义、尼克尔森等，在欧洲的外交实践基础上不断进行思考与提炼，创建了外交学科。欧洲地区的早期外交形成了近代史上典型的国家外交形态，即传统外交。传统外交具有三个重要的特点：精英外交、秘密外交和双边外交。精英外交，指由精英主导，路易十四曾公开宣称“朕即国家”。当时的外交基本上是由国王、大臣和出身于贵族家庭的外交人员主导；秘密外交，指外交谈判通常都是秘密进行的，甚至就连外交条约的内容也不对外公开；双边外交，也就是两国进行直接谈判，是外交谈判的主流。①

随着国际格局和时代主题的转换，特别是两次世界大战后，外交的性质和内涵都发生了深刻的演变。

首先，外交范围、领域和空间不断拓展。公众外交和民间外交不断兴起，补充、修正，甚至对精英外交提出了某种质疑。各国在继续使用秘密外交渠道解决特殊和敏感事务的同时，日益感受到民众要求增加外交透明度的压力。越来越多的议题已超越了双边范畴，基于国际组织基础之上的国际谈判、国际合作日益占据各国的外交日程。双边外交也面临日益增多的多边外交方式的挑战。

其次，外交的内容更加丰富。二战后，尽管局部战争仍然不断，但世界范围内的大战受到了有效抑制。特别是冷战后，和平与发展成为时代主题，安全得到保障，各国更多关注国内建设与发展。因此，不同于过去的革命与战争时代，各国外交工作越来越关注经济因素和民生问题，越来越强调沟通与合作。

最后，外交过程日益多样化、多元化和民主化。美国著名国际关系学者斯坦利·霍夫曼是最早提出外交民主化趋势的学者之一。1977 年，他在论文中指出：“只是在 20 世纪，外交政策才民主化了。外交事务从少数人的计划变成了多数人的爱好，这既是因为更多的国家参与到了过去是少数行为体（主要是欧洲）的禁地的游戏和赌注（主要是欧洲之外）之路，而且最重要的是在许多国家内部，政党和利益集团建立了联系，或者把自己的主张扩展到了疆界之外。”②

不仅政治部门的职业外交官面临不断扩大的任务，而且包括其他各

---

① ［美］约翰·罗尔克编著，宋伟译：《世界舞台上的国际政治》，北京大学出版社 2005 年版，第 337 页。

② ［美］斯坦利·霍夫曼：《美国社会科学：国际关系学》，载詹姆斯·德·代元主编，秦治来译：《国际关系理论批判》，浙江人民出版社 2003 年版，第 231 页。

行政部门、地方、甚至民间团体、个人等也在外交中发挥日益重要的作用，再加上互联网和其他传播手段的普及，公众对外交了解程度、参与热情和表达渠道都大大增加，这给政府间谈判和对外政策制定均带来前所未有的挑战。这也是社会进步、外交进步的体现。鉴于这一时期外交所呈现的新变化，学者将其与传统外交、"旧外交"相区别，称其为"新外交"。

二战后，随着国际社会进步因素的增多，民主程度的提高，大众传媒的日益发达和参与，国家的外交活动有了不同程度的公开，霸权主义对外政策及强权外交受到一定约束或限制。但是，随着美国在国际关系领域的主导，实力和国际关系体系层次理论受到重视，起源于欧洲的外交学和对外政策研究则相对受到忽视。因为外交是欧洲作为世界力量中心时期调节关系和塑造秩序的工具，因此，从传统上，外交是与腐败的欧洲联系在一起的。美国把外交看作是欧洲欺负其他国家的"肮脏手段"，对外交有一种成见。另外，冷战时期的美国实力超群，因此更倾向于依赖"实力、威迫、情报等现实主义资源，而很少依赖外交技巧和说服等软实力资源"维护其霸权地位。因此，冷战期间，外交不仅受到冷落，而且还因美苏争霸而呈现出意识形态色彩浓重的特点。

冷战后，国际社会新问题不断涌现，各国面临的议题不断增加。作为以沟通谈判为内容的外交也逐渐受到重视，成为各国落实对外战略目标的主要手段。特别是随着美国实力相对减弱，重新重视外交手段，外交得到复兴。冷战结束后，美国基于其唯一超级大国的地位，频频使用武力，到小布什政府时期，这种实力政策达到了顶峰。但是，实践证明，对力量的过度使用不仅没有实现美国的对外目标，反而招致其实力的受损，并严重破坏了美国的国际形象。因此，外交等手段的运用重新受到美国政策界和理论界的重视。20 世纪 90 年代，约瑟夫·奈在其《注定领导世界：美国权力性质的变迁》一书中，首次提出软实力概念。2004 年，苏珊尼·诺瑟提出巧实力概念，进一步强调应改变美国对外行动中对军事力量（所谓硬实力）的运用，主张综合运用硬实力和软实力，巧妙地利用一切国际资源和力量实现美国的对外政策目标。奥巴马政府上台后，进一步改变了美国落实对外政策目标的手段，提升了外交的作用，在改变美国形象方面取得公认效果。这其实就是对美国在国际上强调实力、忽视外交做法的反思，是对外交本质的回归。

在美国对其过于依赖实力的对外政策进行修补，开始强调使用以外交手段为代表的巧实力时，外交也在不断受到中国等新兴国家的重视。经过 40 多年的改革开放，中国已经成为世界第二大经济体。实力的提升并不会必然带来国际形象的改善，如何将经济实力转化为国际影响力？如何通过讲好中国故事让世界更好地了解中国？如何塑造和形成安全稳定的周边秩序？对这些问题的回应其实就是如何更好地发挥和提升外交能力问题。中国等新兴力量的崛起，在外交中体现出的新理念、新范式正成为推动国际体系发展和世界秩序构建的新动力。

国际关系的民主化发展，国际组织机制的大量出现，以及具体问题领域的不断衍生，也给予中小国家以更大的活动空间。通过外交，它们不仅摆脱了过去任人宰割的处境，甚至可能在某些问题上获得比大国更有优势的资源、能力和地位。因此，外交也成为在国际社会中占绝大多数的中小国家实现国家利益的主要手段。

因此，作为国际关系的重要组成部分之一，外交不仅受到各国的重视，而且也正在不断发生着变革与转型。外交决策过程日益民主化，越来越多的机构甚至公众参与和影响政策制定过程；开展外交的主体由单纯的国家政府间交往，变为更广泛参与的“大外交”；外交内容由相对狭隘的实力政治追求和博弈，变为包含多层次目标的较量和沟通。同时，外交的民主化与国家内部的进步也呈现出相互促进之势，使二者日益紧密地联系在一起。

二、当代外交问题

冷战结束后，全球化趋势加剧，经济一体化进程加快，各国相互依赖日益加深的同时，世界也面临着更多的挑战与问题：恐怖主义、核扩散、气候变化，等等，不仅使公众紧张不安，也令外交部门疲于应对。

同时，国际格局自冷战后出现结构性变化，始终没有相对定型和固化，一直处于不断变化与调整之中。转型中的大国关系围绕着国际影响力、制度规则、区域秩序等的争夺不断加剧，国家关系组合更为复杂多变，世界发展中的不确定性增强。

全球化发展与国际局势的变化改变了国家之间提出问题和解决问题的模式，使外交出现新的内容与趋势，以下是本书观察当代外交的一些专题领域。

（一）对外援助

作为一种现象，对外援助常常作为战争的后续行动，而且在国际和地区性危机和冲突的治理方面也发挥着巨大作用。美国在反恐的旗号下，组织并实施了对阿富汗彻底的军事攻击。但是，战场硝烟未散，世界上的主要援助国就聚集东京，讨论如何通过经济援助，稳定并重建被战火摧毁的阿富汗。为什么对外援助成为战争的后续和补充行动？对外援助到底有怎样的功能，使得它在冲突的善后管理中不可或缺？

通过对外援助这个渠道，大量的资金、技术、信息、价值观和行为方式，从发达的北方转移到了发展中的南方。这对于南方国家发展道路的选择，价值和意识形态的转变与取舍，乃至对于整个世界发展的走向，都具有十分重要的意义。国与国之间资源的转移，以及与之相联系的其他要素的转移，以战略援助、发展合作和人道主义救援等多种形式出现。这不仅是当今国际关系的组成部分，而且对当今国际关系的变化产生了极其深远的影响。对外援助政策是援助国外交政策的组成部分，是为其国家利益服务的。对外援助不仅配合国家战略推进战略目标的达成，而且能够树立国家良好形象，创造更加有利的外部环境。

（二）多边外交

20 世纪是国际组织的世纪，各种政府和非政府间国际组织如雨后春笋般出现并活跃在国际舞台上。国际机制和国际制度对组织战后的国际生活具有非同寻常的意义。多边主义成为战后国际关系实践的一项指导性原则，并作为观念逐步深嵌于各国外交实践中。全球性问题的增多，也使得传统双边外交无法适应新的外交需求，多边合作成为解决大范围跨国议题的重要途径。

能否恰当地理解多边主义和运用多边外交，已成为衡量一国外交成熟程度的重要标志之一。发达国家、大国和弱小国家对多边主义的理解和参与的出发点是不同的。发达国家或者大国积极开展多边外交，一方面是为了履行维护世界和平、推动世界的发展所担负的历史责任；但更多的是把多边外交当作在更大范围内推行国家政策、扩大国家影响的工具，甚至是干涉他国内政的手段。弱小国家则更多把多边外交当作保护国家独立、主权和利益的工具。小国越来越多地参与全球和区域多边机制，不仅可以解决本地区的安全和发展问题，也能够以此抗衡大国的干预和控制。因此，绝大多数国家将多边外交作为谋求国家利益的手段和工具，在区域和国际组织、机制中发挥积极作用。

（三）公众舆论

随着教育事业的发展和民生的改善，在国际舆论、媒体和其他交往渠道的助推下，民众逐渐了解外交与内政的相互联系与作用，开始出于维护自身权利而对国家对外事务提出主张与见解。无论在政策制定、执行，还是在重大危机时期，任何国家政府都不可能置强烈的民意于不顾，都需要充分考虑行动可能引起的社会后果。

一个国家或政权只有获得民众的支持，才能代表这个国家并以这个国家的名义制定对外政策和开展对外活动。公众不仅对关乎自身利益的对外政策日益关注，而且随着国际社会国际规范的扩散，他们更加要求政府权力的行使、对外政策的推行和对外行为符合国际规范、国际法准则，符合普世道德和正义原则。这不仅对政府提出了更高要求，而且政府受外部因素干涉的风险也大大提高。如何顺应时势，采取改良措施，以缓解压力，提高威望，成为各国政府不得不面对的现实。

（四）全球治理

气候变化、环境污染、能源短缺、债务危机、核扩散、国际恐怖主义等全球性问题，其作用范围及后果均打破了传统的国家疆界，使国家不再像从前那样具有无所不能的控制能力。所以，解决这些问题需要全球的努力。

国际合作是应对全球性问题的唯一途径。以联合国为核心的国际组织是进行全球治理的平台。但是，每个国家面对不同的全球治理议题表现不尽相同，推进全球治理进程也异常艰难。这其中的矛盾就在于问题的一体性与治理主体的分裂性。全球治理需要各国合作，这既是责任又是义务，如何平衡国家利益与国际责任？如何对传统的主权和不干涉原则做出修正，使之允许在保证当事方基本权利的前提下，由周边地区、一些重要国家和国际社会参与个别国家内部危机的解决？这些都是国家在全球治理中不可回避的问题。

（五）海外利益保护

随着全球性联系增多和实力的增强，一国的国家利益不断向外拓展，延伸到主权管辖范围以外，即形成海外利益。海外利益有其主权性、条约性和互惠性等属性，这些属性决定了对其实施保护的手段和措施。对于海外利益概念和属性的清晰认识，是国家有效开展海外利益保护的前提和基础。海外利益的海外属性也使得各国在海外利益保护的实践中会遇到有关主权和不干涉内政等原则的挑战。

海外利益的实现和维护方式及程度不仅关系一国的对外关系，也涉及国内稳定和公民福利。如何为走出去的公民和法人提供服务和保护不仅是一项国家权利，也是一项个人权利，反映出国家与公民之间的互动关系，体现出一个国家的主权责任。因此，领事保护不仅是一项国际制度，更是体现和展现一个国家内政和外交风范的舞台。

（六）对外沟通

如何树立和改善国家形象，争取良好的国际舆论，为国家对外政策实施创造良好的国际环境。外交沟通是影响到国家形象塑造，提高国际声誉和增强国际影响力的重要外交课题。外交沟通的成功与否在很大程度上决定着一国的政治、经济、军事等硬实力是否能够转化为影响力，是一国软实力的重要体现。在利益不断多元化和复杂化的背景下，国家对于通过外交沟通进行信息传递、达成共识、弥合认知差距的需求日益增强。

随着国际社会的演化，国家间互动频繁，国家的认知和行为也在不断社会化，外交沟通其实也是认知建构的过程。外交沟通是一个以国家利益为导向，具有明确目标性的双向多层次的跨文化沟通过程。按沟通客体的内容和形式划分，外交沟通可以分为内政问题、外交问题和国际问题三类。三类外交沟通在沟通目标、形式和性质三个方面存在区别。外交沟通的本质是通过信息的交换加强主权国家间的互相了解、增信释疑，以获取对方理解、促进合作和解决问题。

本书以国际政治视角，从以上几个专题领域入手，对不同问题从界定、内涵，到其中所包含的理论思考等进行阐释，并辅以案例说明国家在具体实践中的行为特点。

参考文献

张季良：《国际关系学概论》，世界知识出版社 1989 年版。

鲁毅等主编：《外交学概论》，世界知识出版社 1997 年版。

钱其琛主编：《世界外交大辞典》，世界知识出版社 2005 年版。

王沪宁：《国家主权》，人民出版社 1987 年版。

张清敏：《对外政策分析》，北京大学出版社 2019 年版。

［美］约翰·罗尔克编著，宋伟译：《世界舞台上的国际政治》，北京大学出版社 2005 年版。

［英］戈尔－布思主编，杨立义、曾寄萍、曾浩译：《萨道义外交实践指南》，上

海译文出版社 1984 年版。

［美］詹姆斯·德·代元主编，秦治来译：《国际关系理论批判》，浙江人民出版社 2003 年版。

Harold Nicolson, *Diplomacy*, Oxford University Press, 1950.

John Baylis and Steve Smith, eds., *The Globalization of World Politics*, Oxford University Press, 1998.

第一章／义与利：对外援助

对外援助是国际政治经济关系中的重要组成部分。它从来不是一种单纯的、单向的经济活动或慈善活动。它能够折射出援助者的对外政策取向、战略意图以及价值观念。所以，对外援助是一国国家利益的延伸，是“国家推行其外交政策的工具”。在当今全球化和相互依赖不断加深的时代，对外援助是国家谋求利益的重要手段，也是解决全人类所共同面临的全球性问题的至关重要的渠道。对外援助是一国外交政策的重要内容，也是国际议程中的一个重要议题。

冷战时期，美苏两个超级大国为了巩固联盟、扩大国际支持，以及实现国家其他对外政策目标，向盟友及广大第三世界国家提供援助，是这一时期国际关系的重要内容。冷战结束后，在经历了短暂的“援助疲劳”后，随着发展问题成为最受关注的全球性问题之一，对外援助日益呈现增长之势。或者作为援助国，或者作为受援国，或者兼事援助与受援，几乎所有的主权国家和重要的国际组织均涉及对外援助。

第一节　厘清对外援助的三个问题

作为二战后国际关系的重要内容，对外援助日益成为国家对外关系的重要方面。在国内外相关研究中，对外援助、发展援助和发展合作等经常交替出现，其含义基本相似，只是不同的主体往往使用不同的词汇。以经济合作与发展组织为主的国际组织主要使用官方发展援助，这些组织认为官方发展援助就是“官方机构（包括管理机构或地方合作机构）为促进发展中国家的经济发展和改善生活水平，向发展中国家和多边机构提供的赠与或赠与成分至少为25%的贷款”①。中国政府文件或正式协议中用经济技术合作较多。在国家的正式对外政策中，更多使用对外援助，指“以贷款或赠款或结合二者的形式进行的资金转移行为，同时也是提供技术援助或能力培养的一种活动”②。宋新宁、陈岳则认为“对外援助是一个国家或国家集团对另外一个国家或国家集团提供的无偿或优惠的有偿货物或资金，用以解决受援国所面临的政治经济困难或问题，或达到援助国特定目标的一种手段”。③

对外援助已成为国与国之间联系、沟通和交流的渠道，对于了解全球化的趋势和性质，了解国际关系问题有着重要的意义。在全球相互依赖不断深化和扩展的时代，对外援助像其他许多议题一样，模糊了国际关系领域“低政治”与“高政治”的分界线。对外援助是经济现象？还是政治现象？为什么援助？对外援助追求义还是利？是自利还是利他？对外援助中的权力关系是援助国说了算吗？受援国没有选择权吗？对于这些问题的厘清有助于我们更加深刻地理解对外援助的实质。

一、对外援助的性质

对外援助不仅配合国家战略推进战略目标的达成，而且能够树立良好的国家形象，创造更加有利的外部环境。对外援助是一国或其他实体对他国或其他实体提供的具有赠与或部分赠与性质的资金、技术或物资帮助，是资金、技术、物资和服务等资源的跨国优惠流动，是通过从援助国向受援国的单向流动实现的。对外援助的经济属性也使其与投资和贸易一起构成了国际经济关系的三大领域，在国际经济学中，国际援助

① 章昌裕：《国际发展援助》，对外贸易教育出版社1993年版，第1页。

② ［南非］伊恩·格尔丁、［美］肯尼斯·瑞尼特著，张蓝予、王林译：《全球化与发展问题研究——贸易、金融、援助、移民和政策》，经济科学出版社2008年版，第12页。

③ 宋新宁、陈岳：《国际政治经济学概论》，中国人民大学出版社1999年版，第216页。

是重要的对象研究。另外，援助国多为发达国家，而受援国多为发展中国家，体现的也是经济发展水平的高低。在我们的生活中，哪里受灾，我们要捐钱捐物进行援助，或接受援助。从现象上看，对外援助更多表现为一种经济现象。但对外援助只是一个经济问题吗？

同时，我们又看到，通过对外援助这个渠道，随着大量的资金、技术、信息、物资从发达的北方转移到发展中的南方，南方国家价值观、行为方式、发展道路的选择，价值和意识形态的转变与取舍，乃至整个世界发展的走向，都在随之发生着变化。作为战争的后续行动，对外援助还常常在国际和地区性危机和冲突的治理方面发挥巨大作用。美国在反恐的旗号下，组织并实施了对阿富汗的军事攻击。战场硝烟未散，我们就看到，世界上的主要援助国就聚集日本东京，开始讨论如何通过经济援助，稳定并重建被战火摧毁的阿富汗。战争的目的并不仅仅只是为了消灭与破坏，而是为了塑造和重建符合自身利益的秩序。正如现代外援政策的早期范例——“马歇尔计划”一样，对外援助再次成为战争的后续和补充行动。因为，这些援助国知道，战争是外科手术，而没有术后的康复治疗，手术的结果很可能与战争发动者的愿望相悖。所以，战争是外交的延续，而外援又是战争的延续。因此，对外援助也常常被看作主权国家的一种对外政策工具，具有国际政治含义，是一种国际政治现象。

综上所述，对外援助既非单纯的国际经济现象，也非单纯的国际政治现象，而是一种典型的国际政治经济现象。对外援助具有多维性：从政治层面看，在冷战时期，援助关系可以定位为一种美苏及各自阵营与第三世界的关系，而其背景是东西方关系；从经济层面看，援助关系可以定位为主要是富裕的工业化发达国家与贫穷的发展中国家的关系，即南北关系；而从国际权力分配看，援助关系则主要是强国与弱国的关系，大国与小国的关系。另外，这种在财富和总体权力上援助国居于优势地位、受援国处于劣势地位的关系，常常被等同于支配与被支配，甚至剥削与被剥削的关系，因而被冠以“新帝国主义”“新殖民主义”等称谓。①

对于世界大国，对外援助不但是支援、帮助其他国家和地区的国际责任和义务，而且是展现本国的国家价值、观念、理想，实现国家利益和战略目标的重要手段和工具。因此，对外援助政策一直是世界大国国家战略和外交战略的重要一环，体现着整个国家的价值、利益和长远目标。因此，对外援助不仅是当今国际关系的组成部分，而且对当今国际关系的变化产生了极其深远的影响。

二、对外援助中的动机问题

现实主义国际关系理论大师汉斯·摩根索曾感慨道：“在引入现代对外政策实践中的各种表面的和真正的创新中，无论是对于理解还是对于行动而言，没有什么比对外援助更令人困惑的了。”② 为什么要对外援助？对外援助是援助国实现自身利益的政策工具，还是为基于受援国需求以促进受援国经济发展和满足其国民的基本生活？围绕这些问题的探讨其实是在寻求援助的动机，回答谁在援助中居于主导地位，谁在援助中获益（更大）。

对这些问题的争论与回答形成了两种对立的观点：援助国利益模式与受援国需求模式。前者强调援助是援助国的对外政策工具，是援助国利益驱动的结果；后者主张援助国是出于对受援国基本需求的人道主义关切而提供国际援助。援助国利益论和受援国需求论都把援助国视为援助关系的主导者，双方的分歧集中在利益分配问题上。援助国利益模式假定对外援助是实现援助国利益的一种有效的经济外交工具，实际上是主张援助国的权力优势和单方面获益。而受援国需求模式，实际上也潜在地假定了援助国的权力优势，但在利益的倾向上又突出援助国的利他动机。而现实是，

---

① 丁韶彬：《大国对外援助——社会交换论的视角》，社会科学文献出版社 2010 年版，第 3 页。

② Hans Morgenthau, “A Political Theory of Foreign Aid”, *The American Political Science Review*, Vol. 56, No. 2, June. 1962, p. 301.

接受援助不具有强迫性，受援国往往是基于自身利益的主动选择，受援国主动寻求和接受。这是援助国利益模式无法解释的，或者忽略的现象。而如果出于利他动机，以经济发展水平衡量的最需要援助的低收入国家，为什么往往不是援助国的优先援助对象？而且美、日的对外援助政策宣示中，都明确主张通过援助实现本国利益，中国政府也强调援助是一种互利合作。

因此，以互惠的视角看待援助与受援关系更易于接受。对外援助是一种基于相互利益的交换行为，援助交换本质上是一种以权力资源为基础的相互利益的实现，援助关系本质上是一种互惠关系，而不是任何单方面的受益。① 这为援助国利益与受援国需求之间搭建了沟通的桥梁。为什么特定的援助国往往把大部分援助集中在少数几个特定的国家，而不是其他国家？援助国基于利益的重要性和优先性考虑援助的分配问题。首先是战略和安全利益，其次是政治和经济利益，然后是人道援助。援助国的优先援助对象，常常是对于援助国而言具有重要战略和安全利益的国家，它们之间形成强互惠关系；对于优先援助对象，援助国不仅给予更多援助，也愿付出更多的成本，以维护其首要地位。

因此，稳定的大规模援助的发生既不是单纯的援助国利益推动的结果，也不是利他主义或人道援助所能解释的，而是援助国与受援国之间的强互惠关系，即利益互动强弱所决定的。援助行为不可能在援助国单方受益的情况下发生，也不可能仅仅是出于国际道德义务的履行。

三、对外援助中的权力关系

对外援助中谁说了算？在援助关系中，受援国有权力吗？在对外援助中，援助国往往处于优势地位，或者说处于主导地位，但这并不意味着受援国就不具有权力。援助是以资源的让与性转移为特征的，这不同于武力

---

① 丁韶彬：《大国对外援助——社会交换论的视角》，社会科学文献出版社 2010 年版，第 120 页。

侵犯和征服，受援国至少可以选择不接受或不主动寻求援助。另外，援助国与受援国在援助关系中的权力对比与总体实力对比并不能简单地划等号。在现实中，受援国在具体的援助问题上往往拥有与其总体实力不成比例的优势。

认为总体权力强大，则所有领域都是强者，就犯了罗伯特·达尔所说的“权力硬块的谬误”。也就是说，将权力视为单一的、坚硬的、打不碎的硬块，要么有权，要么没权。在现实主义国际关系理论中，关于权力的经典定义被演绎为国家运用物质资源迫使其他国家做它们本不愿意去做的事情的能力。[①] 这种资源主要是指强大的军事和经济力量。所以，在国际政治研究中，权力被视为大国、强国的固有属性，而小国、弱国则被视为权力运用的对象。在权力结构中，军事和经济力量较弱的国家无疑处于权力的下层。但是，总体上权力处于优势的国家，在具体问题领域里并不必然处于同等的优势，甚至可能处于弱势；同样，总体上权力处于弱势的国家，在具体问题领域中并不必然处于同等的弱势，甚至可能处于优势。

随着国际社会发展中的不断民主化，中小国家在国际舞台上的重要性日益提高。弱者的权力主要来自大国彼此间的竞争关系；利用自己对于其他国家的重要性，从而增加其对外政策成功的胜算；在文化、政治、经济制度、对外政策乃至心理上对强国的趋同和亲近，也增加了其对于强国的影响力，如保护国从宗主国关系中获得的权力，较弱的国家从与强大国家的联盟中获得的权力，受援国从与某个特定援助国历史联系中获得的优先和更多援助的权力，等等。[②]

因此，受援国拥有用于交换援助的权力资源。决定具体问题领域利益分配的，是问题领域权力，而不是总体权力。援助国在总体权力上具有优势，但在具体援助与受援关系中，援助国并非处于完全支配地位，甚至可

---

① Michael Barnett and Raymond Duvall, "Power in International Politics," *International Organization*, Vol. 59, No. 1, Winter, 2005, p. 40; Robert Dahl, "The Concept of Power," *Behavioral Science*, Vol. 2, No. 3, July 1957, p. 203.

② 丁韶彬：《国际政治中弱者的权力》，《外交评论》2007 年第 3 期，第 87—96 页。

能处于弱势。受援国在援助关系中往往拥有多种权力资源，从而有效地维护自身的利益。如，受援国对于援助国具有战略上的重要性，这是影响受援规模的第一因素。援助国援助资源的分配，取决于其利益的优先次序，安全利益是核心的国家利益，出于战略因素，对地缘邻近国家、意识形态一致的盟友等的援助就属于这一类型。再比如，受援国的政治和经济资源，受援国在国际组织中的投票权，某种历史联系，政治制度相近，潜在市场、投资前景，自然资源，等等。另外，在国际社会关注发展和减贫的背景下，对于包括发展在内的全球问题的贡献大小，也是衡量一国实力和国际影响的一个标尺。一个国家如果只剩下贫困，其对外援助最大来源往往是中小发达国家，而援助大国由于把更多资源投入具有战略和政治经济需求的国家，对于其他国家的援助相对减少。

第二节　分析对外援助的不同视角

二战后，作为实现政策的有效手段，对外施加影响的工具，对外援助成为国际关系理论中重要的研究对象。西方对外援助的理论研究主要有三个视角：国际关系学侧重于从援助方与受援方的角度研究援助的战略目标以及对外援助的政治功能；社会学主要是以社会交换理论分析援助方和受援方的利益互动关系以及援助的社会化功能；发展主义经济学则侧重于从受援国角度研究对外援助的经济功能。在国际关系学科，对于对外援助，不同的理论体系以各自的因果逻辑给出了不同的阐释。

一、现实主义：以援助国的利益为中心

现实主义强调国家的利己特征，认为国家以权力和安全等国家利益为出发点对外行动，而不是以国际道德或其他因素。现实主义体现出强烈的理性特征，把人类社会本性中“理性选择利益最大化”发挥到极

致，体现较强的政策需求倾向。因此，现实主义将对外援助视作援助国追求利益最大化的工具，认为援助是为了实现援助国战略目标而采取的行动。

（一）现实主义关于对外援助的基本观点

摩根索指出："援助国希望通过援助实现其自身的战略和政治利益（如建立和巩固联盟、加强友好政府的地位、获取军事基地、赢得联合国中的投票等）、经济利益（如获得受援国的自然资源、获得或者扩大商品市场和投资场所等）、文化和意识形态利益（如扩大本国语言和文化的影响力、推行西方民主、自由和人权观念等），甚至改善和提升本国的国际形象和政治威望。"① 现实主义以援助国的利益和立场为中心，认为应当完全或主要按照援助国（主要是大国）的利益和立场决定援助对象；即使是所谓的人道主义援助，实际上也发挥着政治功能，更不用说是其他类型的援助了。② 也就是说，对外援助是大国对小国展示权力，是大国维持霸权，进而巩固以其为中心的国际秩序的工具。现实主义关于对外援助的基本观点如下：

1. 对外援助以国家利益为核心

无论什么形式的对外援助，其本质都是政治性的，其主要目标都是促进和保护国家利益。③ 通过对外援助，援助国可以扩大权势，维系并巩固同盟关系，或者为本国开辟市场，使本国获取更多的资源，并扩大本国政治文化的影响。在冷战时期，"对于美国来说，衡量每一美元援助的效率要看它能为美国买来多少安全"。④

---

① Hans Morgenthau, "A Political Theory of Foreign Aid," *The American Political Science Review*, Vol. 56, No. 2, June 1962, p. 305.

② Ibid., p. 301.

③ K. B. Griffin, J. L. Enos, "Foreign Assistance: Objectives and Consequences," *Economics, Development and Cultural Change*, Vol. 18, No. 3, April 1970, p. 14.

④ Frederic S. Pearson, J. Martin Rochester, *International Relations*, McGraw - Hill, 1998, pp. 177 - 178.

2. 对外援助是实现一国战略目标的工具

国家根据利益判断而采取的对外政策，包括对外援助，通常被认为是一种理性行为。国家大多数情况下都会根据自己不同的战略目标采取不同的援助行为。如冷战时期，美国对外援助的目标是遏制苏联共产主义的扩张。在受援国的选择上，美国把具有重要战略地位的国家、意识形态与美国相近的国家以及愿意加入反苏阵营的国家都视为重点援助对象，以实现其遏制战略的目的。

3. 对外援助是输出意识形态和价值观的重要手段

对一国实力的评估仅仅以物质力量为标准是不够的，而且与国家的行为也是不一致的。现实中，历史、宗教、意识形态和文化、宪政性质甚至领袖性格等都是对国家实力评估中重要的甚至关键性的要素。二战后，这些“无形权力”的重要性持续增强。通过对外援助，一国可以凭借其思想和文化优势、意识形态和价值观、制度和多元化的政策工具等无形资源，在国际体系中营造足以影响他国发展战略和对外关系的氛围。相对稳定和健康的外交关系不能仅仅是物质上的，它还必须是价值和观念上的①，对外援助政策的价值取向在一国的对外关系，特别是在价值关系的塑造中尤其重要。小布什政府时期，美国对非洲的发展援助就是其中最具代表性的例子。

（二）利益：援助国追求的政策目标

援助国的对外政策目标是多重的。如“马歇尔计划”的直接目的是西欧的经济复兴，但它是一个具有多重目标的援助计划。现实主义认为，在“一切人反对一切人”的国际无政府状态下，由于没有一个世界政府维持国家间的和平与公正，一个国家的安全只有靠自己。一国对外行为的出发点是增强自身实力。在国家间关系中，一切要以本国利益为出发点和最终目标。所以，对外援助是受援国国家利益驱动的，对外援助之所以付诸实施，是由于它能够给受援国带来安全利益、战略利益、政治

---

① 庞中英：《寻求与世界的价值关系》，《世界知识》2004 年第 14 期，第 66 页。

利益、经济利益，能够增加援助国的权力。

1. 战略与安全目标

战略与安全利益涉及一国的核心国家利益，所以战略和安全目标在各种对外政策目标中居于首要位置。当其他目标与其冲突时，其他目标应服从于战略与安全目标。战略与安全目标包括：建立或维护联盟以改善和补充本国的军事防卫、获取军事基地、维护地区稳定等，其根本目的在于维护援助国的国家安全和其他核心利益。因而，战略与安全目标往往是全球性和区域性大国对外援助的主要政策目标之一，其援助的对象往往是地缘政治重要的国家。如：冷战时期，美国为了制衡苏联和中国对东亚盟友日本、韩国的援助；“9·11”事件之后，以反恐为名，对巴基斯坦和阿富汗的援助等。

2. 政治目标

政治目标的范围比较宽泛。对于新兴的独立国家，经济援助可以表达善意，借此可以接近不发达国家的决策者，起着一种促进或者促成外交活动运转的润滑剂的作用①；把国际组织视为竞争和较量场所的援助国，常把获得受援国在联合国等国际组织中的投票及其他国际支持作为目标；当盟国或友好政府面临财政困难，可能导致政权更迭时，援助可以减少受援国政府对于国内社会资源的抽取，从而增强政府的能力，加强友好政府的地位；通过援助增加筹码，以影响和改变受援国的国内、国际政策；通过对相邻贫穷国家的援助，避免或缓解贫穷国家的难民涌入等。此外，扩大本国语言和文化的影响力，提升本国形象与影响力、提高国际威望也成为一些援助国的重要目标。也就是摩根索所说的威望援助。

政治目标也可以通过促进受援国经济发展来实现。发达的援助国普遍认为，经济的发展是自由与民主的前提条件。所以，通过援助推行西方民主、自由、人权和法治等制度和观念，成为发达国家对外援助的重

---

① ［美］罗伯特·沃尔特斯著，陈源、范坝译：《美苏援助对比分析》，商务印书馆 1974 年版，第 14—15 页。

中之重。它们热衷于通过对不发达国家的经济援助，促进其经济发展，进而促进其政治自由。这类援助最典型地反映在所谓“良治论”和“选择性援助”的观念之中，而“民主和平论”则为这种观念提供了理论依据。①

3. 经济目标

经济目标几乎是所有援助国都不容忽视的政策目标。通过援助实现经济目标，主要包括三个方面：一是获取原材料资源，通过援助帮助受援国提升开采、加工、生产所需原料的能力，以获取受援国廉价的原料资源，或者用援助直接换取受援国的原料供应。钢铁、油气、稀有金属及其他战略资源尤其具有重要意义。二是拓展商品出口市场，通过援助建立和维持与受援国的经贸关系，开拓商品出口市场，促进本国就业。经济发达国家大都面临开拓国际市场、销售过剩产品的问题。通过援助促进受援国的经济发展，不仅有利于培育受援国的物品和服务需求，增强购买力，有些国家甚至要求援助项目所用设备、物资直接从援助国购买。比如美国国际开发署将近80%的合同和赠与款就直接落入了美国公司的腰包②。因而，这些受益于对外援助的社会团体自然也就成了国内推动援助的政治势力。三是扩大投资，援助也可以用来改善受援国的投资环境，以达到直接投资的目标。通过援助可以帮助受援国政府促进贸易和投资的自由化，加快基础设施建设，从而塑造和改善受援国投资环境，为下一步资本的进入奠定基础。

摩根索非常重视对外援助在外交政策工具中的特殊地位，主张把对外援助当作战略不可分割的一部分。他认为，美国在海外的某些国家利益通过军事手段是无法实现的，传统的外交方式也仅有部分适用性，唯有对外援助才是实现这些利益的最适当途径。③ 他将对外援助划分为六

① 丁韶彬：《大国对外援助——社会交换论的视角》，社会科学文献出版社2010年版，第135—136页。

② 王建生：《美国的对外援助大部分给了美国自己》，《真理的追求》2001年第4期，第16页。

③ Hans Morgenthau, “A Political Theory of Foreign Aid,” *The American Political Science Review*, Vol. 56, No. 2, June 1962, p. 301.

种类型：人道主义援助、生计援助、军事援助、贿赂、提高威望的援助、经济发展援助。[1]

尽管在一般意义上，对外援助的政策目标包括战略、政治、经济等方面，但是不同的国家在不同时期，或对于不同对象都会有不同的政策目标，呈现出不同的特点和偏好。比如，美国在冷战时期主要以战略目标为主，对外援助体现出强烈的地缘政治色彩；日本对外援助由经济利益导向朝政治利益导向转变的演变历程也非常清晰；而法国更强调其文化纽带下的政治影响力，援助优先地区主要是其前殖民地国家；丹麦、挪威、瑞典等国则更强调人道主义目标，着力于推动受援国社会民主价值的发展。

（三）对外援助的效果评估

现实主义认为，国家的资源毕竟是有限的，因此决策者在制定对外援助政策时，必须考虑成本与收益的平衡，考虑如何有效地配置国家资源。历史学家保罗·肯尼迪认为："在和平时期仅仅进行单纯的对外援助是不够的，还须仔细核算预算开支，并对援助效果进行评估。"[2] 也就是说，对外援助是否成功有赖于战略目标与战略手段之间的平衡。任何水平过高或过低的对外援助都可能给国家带来风险。因此，及时评估对外援助效果非常必要。

尽管现实主义认为，利益对抗和冲突是国际关系的本质，道义在国际关系中毫无意义，对外援助不应有任何道德因素和利他主义考虑，但是，以上所有以援助国利益为中心的政策目标都需要掩盖在利他主义的宣传之中。所以，在讨论关于援助的中心议题时，常常从受援国基本需求和面临困难出发，主要包括：改善基础设施、提高受教育比率、改善医疗卫生条件、降低婴儿死亡率、促进农产品产量的提高等。

---

① Hans Morgenthau, "A Political Theory of Foreign Aid," *The American Political Science Review*, Vol. 56, No. 2, June 1962, p. 308.

② ［美］保罗·肯尼迪著，时殷弘译：《战略与和平的大战略》，世界知识出版社 2005 年版，第 3 页。

评估对外援助效果时，当然不应看援助是否改善了受援国人民生活状况或带来了受援国的经济社会变化，而应回到援助政策目标去进行衡量，即援助国军事安全是否得到维护，政治影响是否增加，贸易计划和投资是否有所提高等。

另外，作为对外政策工具，对外援助不仅可以作为一种积极的回报和酬赏，也可以作为一种制裁措施。援助国可以通过暂停、终止、减少援助或者以此相威胁，对受援国的某种行为实施制裁，或以此迫使受援国做其本不愿做的事情，影响受援国的立场与政策。美国对某些国家实施援助时在援助对象、援助领域等方面实行限制，就是援助制裁的一种形式。援助与援助制裁都是援助国对外政策的工具，都是实现援助国利益目标的手段。

随着世界相互依赖程度的加深，国家间相互关系也正在发生调整与变化。虽然现实主义仍是主流理论，但面对全球化以来出现的复杂对外援助行为，也无法进行充分的解释，如通过国际机构进行的多边援助等。因此，有必要引入理想主义的视角分析对外援助。

二、理想主义：以受援国的基本需求为中心

不同于现实主义，理想主义认为国际道义和伦理规范对于国家行为有着重要影响，“普适性的理性原则和国际道德秩序在现实世界中是可以实现的”[①]，应当将国际道德和正义作为国际关系的核心。理想主义范式认为人性善，国际社会的冲突与战争是由于普世道德的缺失以及制度环境的不健全造成的，道德价值的建立和社会环境的改善可以改变人的行为。因此，理想主义将社会而不是国家视为国际关系的核心，对国家间合作持积极乐观态度。

---

① David A. Baldwin, *Economic Statecraft*, Princeton: Princeton University Press, 1985, p. 43.

（一）理想主义的主要观点

理想主义强调人的重要性，认为国际政治不仅仅是一个由国家组成的社会，它还是一个由个人组成的社会。正义应该是个人的正义，国家边界并没有道义上的地位。进行分析的单位是世界，而不是国家，因为整个人类大社会的最终单位不是国家，而是单个的个人。如同民族国家有责任通过实行社会福利帮助国内的穷人一样，这一观念应当被扩展至整个世界共同体。如果在民族国家内帮助弱者和不幸者是一种责任和道德的话，那么这种道德责任没有理由止于民族国家边界。这种理念为国际机构与非政府组织的对外援助活动奠定了理论基础。正是由于对人的发展与权益的关注，在对外援助中，理想主义强调人道主义需求的重要性，强调改善第三世界贫困和促进经济发展的重要性，主张以跨国人道主义关怀和国际利益代替对国家利益的追逐。理想主义在当代主要表现为自由主义、新自由主义、跨国主义和全球主义等。

理想主义强调对外援助中的道德和慈善因素，注重国际行为中道德的力量和作用。这既来自于世界上主要宗教的教义，也与人类活动中帮困济贫的慈悲情怀相通。从道德与人道主义出发，帮助世界上最穷的人改善生存条件，是出于一种道德的必要，而不与商业、战略等利益相挂钩。在对外援助中，理想主义关注受援国的基本需求，将社会而不是国家置于援助的中心，要求援助国奉行积极的利他主义精神，并认为提供援助的最终目的是建立一个民主和公正的国际社会。因此，他们要求在对外援助中输出价值观念，将援助与自由、民主、人权等问题相连，附加各种政治条件和经济条件。

理想主义是建立在相互依存、相互获利理念上的援助观。理想主义强调国际政治的社会性，认为人类在共同生活中形成共同利益和共同价值观念；并在社会合作和国际分工中，形成了相互依存的关系。随着各国相互依赖加深，发达国家的利益与发展中国家的经济发展和政治稳定密切相关。维利·勃兰特（Willy Brandt）在关于南北关系的报告中强调“当今世界是一个脆弱的、相互关联的体系”，“现在南北双方越来越意识到它们是相互依存的”，“没有北方，南方就不能充分地发展，如果南方不能取得较大的进展，北方就不能繁荣，也不能改善自己的处境。”①动荡、贫穷的南方对于北方发达国家而言，就是不安全的现实。一个分裂为富有和贫穷的世界是危险的。相互依存的理念强调的是共同需要与共同责任。

在对外援助上，发达国家需要帮助发展中国家，而发展中国家只有依靠国际社会的帮助才能摆脱贫困；发展中国家一旦发展并融入国际体系，将为发达国家提供新的市场，从而使双方获利。因此，发达国家努力减少贫困，援助南方国家，帮助穷国既是一种道义上的责任，是为了国际社会的正义事业，也是在帮助自己。从相互依存角度出发，对外援助实际上带有互利、互助、互惠的色彩。

（二）道义：对外援助中的价值问题

理想主义认为，人的本性是向善的、理性的，人们对他人基本福利的关心使世界进步，并变得更美好。所以，对外援助不是简单的国家间互利行为，它还承载着增进自由、民主、人权的使命。“对外援助是将本国价值观与社会力量投射到海外的过程，提供援助是为了增进正义。”理想主义反对把援助国的利益当作对外援助的优先考虑或者唯一的决定因素，认为这无益于国际社会的和谐与稳定。因此，理想主义主张对外援助中应当遵循以下几点：

1. 国家利益最小化

国际社会不仅仅是一个由国家组成的系统，还是一个由个人组成的社会；个人构成了一个基本的“世界共同体”。因此，国家有责任帮助穷国，以实现“世界共同体”的共同繁荣，“如果社会福利的实施在英国或美国是公正的，为什么不能在富国和穷国之间实施这种社会服务

---

① ［美］威利·勃兰特等：《北方与南方：背景》，载［美］威廉·奥尔森等编，王沿等译：《国际关系的理论与实践》，中国社会科学出版社1987年版，第431—437页。

呢?”[①] 基于此，需要使国家利益最小化，甚至在多数情况下需要忽略国家利益。在理想主义看来，没有理由使对穷人和弱者的道德责任止于民族国家的边界。[②] 过分强调国家利益只能使对外援助成为大国维持权力的工具，而不能产生任何实质性的效果。可以说，国家利益最小化的观念为国际机构和非政治组织的对外援助活动奠定了理论基础。

2. 以人道主义为核心

理想主义强调对外援助中的道义因素和人文主义关怀，注重国际社会中道义的力量和作用。例如，亚瑟·A. 拉姆斯戴恩认为，道义观念可以通过三种方式影响国际政治：向国际社会投射和输出国内政治中的社会正义；构建国际社会的道义联络渠道；把国际规范“内嵌”于国际体制之中。就对外援助而言，道义因素发挥着以下一些重要作用：一是援助国对国内贫困人口的社会福利政策会影响它对贫困国家提供经济援助的态度；二是全球化互动的深入，加深了援助国公众对海外贫困国家的了解，也影响了发达国家的援助政策；三是国际规范的不断完善，使对外援助更加关注受援国的基本需求而不是援助国的利益。[③]

3. 建立一个国际多边援助体制

理想主义强调建立一个处理对外援助的国际多边援助机构，并使之发挥主要作用。目前，在由发达国家组成的经济合作与发展组织中，发展援助委员会承担着对发达国家对外援助的协调和监督责任。在实际运作中，这些多边国际组织中产生了一系列体现理想主义观念的援助标准和规则，如对多边援助的需要优于双边援助；援助应含较少的政治性；援助应直接满足受援国的社会需要，等等；20 世纪 90 年代以后，随着全球化浪潮的扩展，这些国际组织又添加了对外援助必须促进可持续发展、人口控制、环保和民主等标准。

---

① Guy Arnold, *Aid and the Third World: North/ South Divide*, London: Robert Ryce Limited, 1985, p. 160.

② William Ryrie, *First World, Third World*, New York: Macmillan, 1995, p. 30.

③ David H. Lumsdaine, *Moral Vision in International Politics: The Foreign Aid Regime*, 1949 – 1989, Princeton, N. J. Princeton University Press, 1993, p. 5.

总之，对外援助的理想主义理论反对现实主义理论在对外援助中将国家利益最大化，主张以援助国的基本需要和促进发展中国家的经济发展和社会进步为根本目标。在现实中，关于对外援助的理想主义理念在援助国的政策宣言和多边援助组织的相关文件中时常被明确地表达出来。如果说现实主义的对外援助理论是以援助国的利益为中心的，那么可以说，理想主义的对外援助理论是以国际道义作为对外援助的出发点。

从国家层面看，对外援助政策是援助国外交政策的组成部分，是为其国家利益服务的，是追求利的，主要体现在树立国家良好形象，创造更加有利的外部环境。而同时，“国际道义是国家在对外关系中应遵循的基于人道义务和正义义务的行为准则和规范，其核心内容是国家的义务”①。国际道义所形成的强大国际制约力量，对国家国际行为的合法化起着不可替代的作用，是国际社会重要的稳定因素。国家对外行为的道义内涵也越来越受到重视，“没有权力，国家会软弱无能，没有被其他民族所尊敬的道义标准，国家就会成为仇恨和恐惧的中心”②。国际道义还是对外援助政策正当性的一个标志，对外援助政策被视为正当的，特别是具有道义权威时，可以增进援助国的软力量。国际道义成为对外援助价值取向的制高点，缺少了国际道义取向必然会招致对外援助政策的失败。2014 年 11 月 29 日，习近平在出席中央外事工作会议时强调，要切实落实好正确义利观，做好对外援助工作，真正做到弘义融利。③

---

① 丁韶彬：《国际道义视角下的发展援助》，《外交评论》2009 年第 4 期，第 72—82 页。

② Feller A H. “In Defense of International Law and Morality,” *Annals of American Academy of Social Science*, 1952, No. 282 (3), p. 81.

③ 《习近平出席中央外事工作会议并发表重要讲话》，新华网，2014 年 11 月 29 日，http://www.xinhuanet.com/politics/2014-11/29/c_1113457723.htm。

第三节　案例：2006 年非洲成为日本重点援助地区

二战后，日本仅用 10 年时间便从战争废墟上实现了经济恢复，于 20 世纪 50 年代中期跻身援助国行列，70 年代中期崛起为援助大国，80 年代末跃居世界援助国之首位。东南亚国家长期占据日本援助首要位置，但随着日本对外援助地域扩大，东南亚国家接受日本对外援助的比例不断下降。进入 21 世纪，日本对外援助政策调整的一个明显特点，是优先地区从亚洲向非洲转移。

冷战时期，日本的对外援助主要以服务本国的经济利益和美国的全球战略利益为目的。通过对外援助，日本在外交上也获得了重大的突破和成功。除了修复外交关系和促进出口，日本也把援助视为投资、建立互信，解决双边问题，彰显其经济大国和世界领导者地位，以及在各种国际组织中购买“权力和影响力”的重要途径。与其他援助国相比，日本更加依赖和重视这种政策工具。一方面，由于“和平宪法”对于日本对外政策目标和手段的制约；另一方面，也由于长期以来所处的世界经济强国地位所提供的现实条件和基本动力，因此以援助为先导，包括贸易和投资等手段在内的经济外交，成为日本对外政策目标的最重要实现形式。

国家重建和恢复经济是战后日本面临的首要任务。作为资源匮乏的岛国，战后的日本一直担心被国际社会孤立。因此，发展外向型经济，大力推行海外贸易对于日本的发展具有重要意义。通过贸易，日本的触角也伸向了遥远的非洲。到 20 世纪 60 年代，日本与非洲的贸易已经取得了长足的发展。贸易关系的加强开始促使日本与非洲国家进行深入的接触，对非援助正是在这一背景下开始兴起的。

一、日本援助非洲的历程

以日美关系为基轴的外交路线与经济中心主义的外交特征是二战后日本外交的两大支柱。非洲在日本的外交政策中始终处于次要地位，日本外交政策的轴心是美国，援外重点一直是亚洲地区。日本学者将2005年之前的日本对非援助分为五个阶段（具体政策内容见表1－1）。随着日本与非洲国家关系和国际社会互动关系的加强，日本的援助理念以及与大国的关系也都随之发生了变化。

表1－1　日本对非援助政策变化

时间	日本对外援助政策	日本对非援助政策
第一阶段：1954（科伦坡计划）—1972年	追求短期经济利益；确立“基于要求”模式	重点援助亚洲；对非援助政策缺失
第二阶段：1973年（第一次石油危机）—1980年	扩大援助，维护经济安全	增加援助，保证自然资源供应；以援助换取非洲在联合国的支持
第三阶段：（官方发展援助五年翻番计划）—1988年	利用援助消化日本的贸易顺差，增加全球贡献	增加对非洲的援助，结构调整计划；支持减贫和粮食安全计划
第四阶段：1989（第一援助国）—2000年	成为最大援助国；利用援助进行广泛政策倡议	成为非洲最大援助国；介入政治领域；召开东京非洲发展国际会议，发起新援助倡议
第五阶段：2001（美国是第一援助国）—2004年	削减官方发展援助，调整政策	债务减免；援助与维和相联系；发展伙伴关系；支持“非洲发展新伙伴计划”和非盟

资料来源：Makoto Sato, “Japan’s Aid Diplomacy in Africa: A Historical Analysis,” Ritsumeikan Annual Review of International Studies, Vol. 4, 2005, pp. 67－85.

有学者将援助定义为“援款”，并认为日本对非洲援助始于1966年，即当年日本对尼日利亚、肯尼亚、坦桑尼亚和乌干达提供了贷款。当时，日本除参与联合国的援助计划外，还对非洲进行技术援助。1961

年，日本是向尼日利亚提供援助的十个国家之一。1963 年，日本还根据本国的“对中近东和非洲技术援助计划”向非洲派出 38 名专家，接收 108 名非洲学员到日本接受培训。另外，日本还鼓励私人企业以投资方式援助非洲。1964 年，日本已在尼日利亚建立了纺织厂、金属冶炼厂和渔业公司；在埃塞俄比亚、肯尼亚和坦噶尼喀（属坦桑尼亚）建立了纺织厂；在象牙海岸（今科特迪瓦）建立了渔业公司。虽然日本政府鼓励中小企业到非洲投资，但结果并不理想。

1973 年石油危机之后，以确保资源为中心的经济安全保障成为日本援助政策的目标。日本对非洲官方发展援助政策进一步明确，战略援助的理念得到强化，保障自身安全利益成为日本扩大援助规模的主要原因。从 70 年代开始，日本对非援助大幅度增加，1969 年还只有 110 万美元，1971 年就达到了近 1300 万美元，到 1980 年，更是达到了 229 亿美元。1977 年，日本对非援助占其对外官方援助的比重已达 17.1%，比 1971 年增加了 10.7%。同年，日本成为非洲发展基金的第二大捐赠国，到 1979 年，日本超过美国成为第一大捐赠国，其捐赠份额达 15%。

20 世纪 80 年代初，日本政府正式提出争当政治大国的目标。1978 年，日本在竞争联合国非常任理事国时失败，主要原因是非洲国家不支持。1986 年，日本当选为联合国非常任理事国，但得票率不高。日本政府日益认识到，要在联合国这个舞台上取胜，非洲的支持至关重要。1987 年，日本对 11 个撒哈拉以南非洲国家的援款达 5 亿美元，但由于文化隔阂和日本对非洲知识的贫乏，大部分援助款均委托给英国的海外发展部门帮忙运营。尽管日本官员对非洲援助的解释是出于人道主义考虑，但学者认为日本对非洲的经济援助实际上主要是出于政治目的。

20 世纪 80 年代后期与 90 年代前期，非洲经历了一场边缘化过程，美欧对非洲出现“援助疲劳”。日本为了加强其在国际上的地位，加大对外援助的力度。尽管由于苏联的解体，非洲的战略地位进一步下降，但正是在这一时期，日本提出愿与联合国共同举办非洲发展会议。1993 年，日本政府与联合国与非洲联盟等国际组织联合在东京举办了首届非洲发展国际会议。会后发表的《东京非洲发展宣言》提出的“自力更生”和“伙伴关系”两个概念对传统的援助理念产生了冲击，提高了日本在国际援助事务方面的威望。对非洲提供援助问题也重新得到了国际社会关注。

1998 年，日本与联合国举办第二届东京非洲发展国际会议。会议规模空前，共有 51 个非洲国家、11 个亚洲国家、18 个欧美国家和 44 个国际组织与会。会议提出《东京行动计划》，以“减贫与融入全球经济的非洲一体化”为主题，强调南南合作及推动民主化和解决争端的必要性。会议宣布“主事权”与“伙伴关系”是行动计划的根本原则。“主事权”是从“自力更生”的概念演变而来，指非洲国家在制定和实施发展计划过程中的自主权，主要体现为“自助”；“伙伴关系”强调援助国与受援国的关系。

进入 21 世纪，随着国际政治环境和国际权力格局的变化，非洲大陆的战略地位得到了空前提高。中国等新兴国家不断增强在非洲的影响力，联合国等国际组织也不断倡议关注非洲发展议题。非洲虽是贫困国家集中的地区，但非洲的经济发展，不仅给非洲国家带来福利，也给世界经济发展创造市场、提供资源。同时，2001 年非洲联盟成立，进一步增强了非洲国家在国际舞台上的地位。因此，非洲成为国际社会关注的焦点和大国政治的舞台。

在此背景下，日本对外援助的一个重要调整就是加强对非援助，促进对非外交。2003 年，日本修订了《官方发展援助大纲》，进一步明确了官方发展援助与日本国家利益的关系，指出作为“世界上最重要的国家之一”，日本有义务“为国际社会的和平与发展做出贡献”。同年，第三届东京非洲发展国际会议召开，提出了援非新倡议：日本援非的三大支柱（以人为本的发展、通过发展经济减贫、巩固和平与善治），扩大其伙伴关系（促进亚非合作和非洲内部合作），与市民社会对话，持续化和机制化东京非洲发展国际会议进程等。时任日本首相小泉纯一郎向非洲国家承诺，将在未来 5 年内向非洲提供 10 亿美元的无偿援助，并免除非洲重债国家所欠的 30 亿美元债务。

其后，一系列与东京非洲发展国际会议相关的后续会议陆续展开，日本不断加强援非力度，提供低息贷款用于非洲基础设施建设、增加在非洲的官方发展援助数额、设立“支援非洲投资倍增”基金等。此外，日本还增加对非洲的民生援助和气候援助，为非洲的医疗保健、粮食供给和水源提供资金、技术和人员支持等。根据2008年日本《官方发展援助白皮书》白皮书的统计，从2000年到2006年，日本对非援助占总援助的比例从10.1%增加到34.1%，而同期对亚洲援助的比例则从54.8%下降到26.6%。日本对外援助的优先地区从亚洲转移到了非洲。

二、日本援助非洲的动机与目标

日本对非洲的援助历程既反映了国际社会的演变过程，也是不同时期日本国家利益目标变化的结果。早期日本对非洲的援助主要是为了保护日本在非洲的出口和原材料市场，是出于保护日本商业利益的考虑。从20世纪80年代后期开始，日本的对非援助理念开始超越经济利益的范畴，战略援助逐渐占据重要地位。

（一）确保资源供应，巩固经济强国地位

日本是一个资源匮乏的岛国，其经济发展所需的原材料绝大部分都要进口，其经济的外部依赖性非常高。从战后到20世纪70年代，日本一直以对美国协调和发展经济为外交的核心目标。这一时期，日本与非洲关系的最大特点是促进其商品的出口。1973年石油危机后，以确保资源为中心的经济安全保障成为日本援助政策的一大目标。日本对非援助政策进一步明确，战略援助的理念得到强化，保障自身安全利益成为日本扩大援助规模的主要原因。

冷战后，中东局势的持续动荡一直威胁着日本的能源安全。非洲大陆不仅油气资源丰富，约占全球储量的12%，而且还拥有丰富的稀有矿产资源，如稀土、铜矿、铝矿等。为推进能源供应多元化战略，日本把非洲看作21世纪可靠的重要能源供应地。而且日本在非洲既无历史积怨也无现实冲突，长期在非洲的官方发展援助也为其积攒了良好口碑，非

洲国家对日本进军其能源市场普遍持欢迎态度。

非洲投资环境和政府治理得到改善，成为经济增长势头良好的地区之一。其中尼日利亚、南非、纳米比亚和加纳等被一些经济学家看作是非洲新一轮经济增长的亮点。随着非洲社会经济发展加快，其基础设施建设和消费需求也不断扩大，日本企业在政府的大力支持下纷纷进入非洲市场。因此，日本对非援助中的主要战略动机之一就是想在能源、商品、投资等经济发展的核心领域继续抢占先机，维持和扩大其在世界经济体系中的既得利益，以在全球经济变革中保持其世界经济强国的地位。

（二）争取联合国安理会常任理事国席位（以下简称“入常”），谋求实现政治大国目标

1952 年 4 月《旧金山和约》的生效恢复了日本的法理主权，1956 年 12 月加入联合国，日本重新登上国际政治舞台。其后经济高速发展，国际局势变化以及日本在联合国地位的提高激发了日本政治大国的诉求，而争取安理会常任理事国是日本政治大国诉求的最高目标。早在 1978 年，日本竞争联合国非常任理事国失败后，就认识到主因是非洲国家不支持。20 世纪 80 年代初，日本首相中曾根康弘最早提出争当政治大国的口号。1986 年，日本虽然当选了联合国非常任理事国，但得票不高。作为占联合国成员总数 1/4 的重要国际政治力量，非洲国家是实现日本“入常”所必须借用的力量。日本日益认识到，要在联合国舞台上有所作为，非洲的支持必不可少。因此，日本将非洲国家作为争取联合国选票的主攻方向，而援助成为一种便利工具。

冷战后，联合国改革呼声日高，有利的内部与外部环境促使日本再次向联合国常任理事国目标迈进。时任联合国秘书长加利于 1994 年公开表态，赞成日本成为联合国安理会成员，这大大鼓舞了日本“争常”的决心。1994 年日本驻联合国大使小和田恒在安理会改革小组会议上发表演说，被认为是首次公开表示“入常”。1996 年桥本内阁成立后，更是将“入常”的口头表态转向实际行动，遍访世界各地，尤其是非洲和拉丁美洲。

进入21世纪，以联合国改革为契机，日本加大了通过对外援助谋求“入常”的步伐。非洲不仅国家数量众多，是南北问题、和平问题、全球性问题的重灾区，而且2002年非洲联盟成立，非洲一体化进程取得重大进展，国际地区和影响力得到提升。因此，非洲成为日本关注的重点，特别是2005年10月冲击“入常”失败后，日本政府更是感到必须重点攻克非洲这个“票田”。

（三）推广日本援助模式，增强国际影响力

日本在1989年成为世界最大捐助国后，一直对在西方支配的国际援助体系中处于受支配的地位颇为不满。日本自认为是“非西方捐助者”，认为在援助和发展这两个领域最有发言权：日本援助的亚洲国家已先后走上经济发展的快车道；日本在1989年成为最大捐助国；对非洲援助也居领先地位。另外，援助从根本上说是发展问题，而日本是“亚洲第一个发达国家”，对发展有一套经验，完全可供非洲参照。因此，日本渴望成为“援助非洲领域的思想领袖”，只有在国际援助体系中彰显自己的理念和作为最大援助国的地位，才能从根本上摆脱西方的束缚，提升日本的国际影响力。

冷战后，在美欧出现对非“援助疲劳”之际，日本则加强了对非援助，确定了以“扩大在非洲的政治影响，在成为联合国常任理事国等方面争取非洲国家的支持”为目标的非洲政策，对外援助的重点也从亚洲逐渐转移到非洲。自1993年《东京非洲发展宣言》首次提出“自力更生”和“伙伴关系”，1998年《东京行动计划》中，“主事权”一词出现7次，“伙伴关系”出现10次，2003年《东京非洲发展国际会议十周年宣言》进一步强调这两个概念。日本在对非援助中提出“主事权”和“伙伴关系”理念就是与西方在国际援助体系中话语权的争夺。

与国际援助体系中援助者与受援者的不平等关系相比，“主事”与“伙伴”意味着一种平等。通过这一援助理念，日本表达了发展战略从计划到实施，都应由非洲人自己决定的思想，强调了援助应以自助为根据的理念。这一方面表达了尊重非洲自主、主张平等关系的理念，另一

方面，也是对西方国家颐指气使的援助哲学的否定，更是日本援助新政策的宣示。通过15年的运作，日本从组织上、方针上和机制上逐步掌握了东京非洲发展国际会议的话语权；“主事权”和“伙伴关系”等概念已对国际援助体系产生影响；日本在国际援助非洲事务上逐步由被动变为主动。通过主办非洲发展国际会议，将南北会谈引入西方八国集团峰会，使非洲问题纳入联合国的议事日程，日本的作用非同小可。作为回报，日本在国际舞台上得到了非洲的支持。

当然，日本对非洲国家加大外交力度还有一层显而易见的原因，那就是在与非洲发展关系方面，日本感觉到了竞争压力。不仅英美法等西方国家在非洲有既得利益，亚洲的中国、印度、韩国也加快了在非洲国家的援助步伐。继2006年11月初中非论坛北京峰会成功举办后，第一届印度—非洲论坛峰会也于2008年4月8日在印度首都新德里举行，同年10月，第二届韩非论坛在韩国举办。特别是中印作为发展中大国，也与日本一样，对外部的能源与资源的依赖性不断加大。印度是日本“入常”的强劲对手，中国对日本“入常”态度不明朗，因此，日本对中印与非洲关系日益密切的担心不言而喻。

本章小结

从国家层面看，对外援助是国家谋求利益的重要手段，对外援助政策是援助国外交政策的组成部分，是为其国家利益服务的。而随着全球化和相互依赖的不断深化，对外援助也是解决全球性问题的重要渠道，成为国际议程的重要议题，成为国际社会的一种国际道义。国际道义所形成的强大国际制约力量，对国家行为的合法化起着不可替代的作用。国家对外行为的道义内涵也越来越受到重视。对外援助政策被视为正当的，特别是具有道义权威时，可以增进援助国的软力量。国际道义成为对外援助价值取向的制高点，缺少了国际道义取向必然会招致对外援助政策的失败。

思考题

一、名词解释

现实主义　理想主义　对外援助　国际道义　权力

二、简答题

1. 现实主义视角如何解读对外援助？
2. 理想主义视角如何理解对外援助？
3. 简述对外援助中援助国与受援国之间的权力关系。

三、论述题

如何理解对外援助中的义利观？

参考文献

周弘主编：《对外援助与国际关系》，中国社会科学出版社 2002 年版。

丁韶彬：《大国对外援助——社会交换论的视角》，社会科学文献出版社 2010 年版。

宋新宁、陈岳：《国际政治经济学概论》，中国人民大学出版社 1999 年版。

金熙德：《日本政府开发援助》，社会科学文献出版社 2000 年版。

章昌裕：《国际发展援助》，对外贸易教育出版社 1993 年版。

张光：《日本对外援助政策研究》，天津人民出版社 1996 年版。

田野：《国际关系中的制度选择：一种交易成本的视角》，上海人民出版社 2006 年版。

[美] 保罗·肯尼迪著，时殷弘译：《战略与和平的大战略》，世界知识出版社 2005 年版。

[美] 罗伯特·沃尔特斯著，陈源、范坝译：《美苏援助对比分析》，商务印书馆 1974 年版。

[美] 威廉·奥尔森等编，王沿等译：《国际关系的理论与实践》，中国社会科学出版社 1987 年版。

[南非] 伊恩·格尔丁、[美] 肯尼斯·瑞尼特著，张蓝予、王林译：《全球化与发展问题研究——贸易、金融、援助、移民和政策》，经济科学出版社 2008 年版。

[美] 霍华德·维亚尔达著，刘青等译：《新兴国家的政治发展——第三世界还存在吗?》，北京大学出版社 2005 年版。

国务院新闻办公室：《中国的对外援助》，人民出版社 2011 年版。

丁韶彬：《国际道义视角下的发展援助》，《外交评论》2009 年第 4 期。

丁韶彬：《国际政治中弱者的权力》，《外交评论》2007 年第 3 期。

丁韶彬：《国际援助制度与发展治理》，《国际观察》2008 年第 2 期。

庞中英：《寻求与世界的价值关系》，《世界知识》2004 年第 14 期。

刘丽云：《国际政治学理论视角下的对外援助》，《教学与研究》2005 年第 10 期。

周弘：《对外援助与现代国际关系》，《欧洲》2002 年第 3 期。

周弘：《战略工具——美国的对外援助政策》，《国际贸易》2002 年第 1 期。

周弘：《中国对外援助与改革开放 30 年》，《世界经济与政治》2008 年第 11 期。

周弘：《中国援外六十年的回顾与展望》，《外交评论》2010 年第 5 期。

白云真：《中国对外援助的战略分析》，《世界经济与政治》2013 年第 5 期。

李安山：《东京非洲发展国际会议与日本援助非洲政策》，《西亚非洲》2008 年第 5 期。

周玉渊：《从东南亚到非洲：日本对外援助的政治经济学》，《当代亚太》2010 年第 3 期。

白如纯、吕耀东：《日本对非洲政策的演变与发展——以“非洲发展国际会议”为视点》，《日本学刊》2008 年第 5 期。

David H. Lumsdaine, *Moral Vision in International Politics: The Foreign Aid Regime, 1949 - 1989*, Princeton, N. J.: Princeton University Press, 1993.

Hans Morgenthau, "A Political Theory of Foreign Aid," *The American Political Science Review*, Vol. 56, No. 2, June 1962.

K. B. Griffin, J. L. Enos, "Foreign Assistance: Objectives and Consequences," *Economics, Development and Cultural Change*, Vol. 18, No. 3, April 1970.

Tanweer Akram, "The International Foreign Aid Regime: Who Gets Foreign Aid and

How Much?", *Applied Economics*, Vol. 35, Iss. 11, July 2003.

Michael Barnett and Raymond Duvall, "Power in International Politics," *International Organization*, Vol. 59, No. 1, Winter, 2005, p. 40.

Robert Dahl, "The Concept of Power," *Behavioral Science*, Vol. 2, No. 3, July, 1957.

第二章/合与利：多边外交

多边外交是各国相互依赖不断加深，国际社会不断发展的产物。随着多边组织对于国家政策和行为的影响越来越大，区域性和全球性问题不断涌现并日益复杂化，通过与他国合作实现利益诉求已成为越来越多国家的选择。国际政治学者将多边外交背后的理念——多边主义定义为一种理念与行为的统一。多边主义广义上是建立世界秩序的一种组织原则，它决定了国家间的行为方式和权力关系。

第一节　什么是多边外交

随着国际关系的深刻变化，特别是冷战的结束，不同形式的共处与合作成为大势所趋，以联合国为代表的多边外交逐渐体现出其价值。作为较能体现相对多数国家意志的合作交往形式，多边外交既受到厌恶霸权逻辑的中小国家的欢迎，也为希望利用多边场合的大国所逐渐看重，更为未来的多边、多区域间的合作形态开拓了有利的前景。①

二战后，特别是冷战后，多边外交成为大多数国家的对外选择，成为国际关系中的一种趋势。多边外交中的“多边”意味着合作。在国际关系中，“极”意味着对抗、争霸，而“边”意味着协商、协调。并非所有的合作都是多边的，但所有的多边行动都包含着合作。“多边”在

① 王逸舟：《新世纪的中国与多边外交》，《太平洋学报》2021 年第 4 期，第 3—12 页。

逻辑上并不以特定的国家数量为先决条件，与“单边”“双边”“三边”“全体”所指不同，“多边”在意思上更倾向于指“许多”国际行为体。“许多”可以指从最少的“三个”到最多的“所有”之间的任何数量。因此，“多边”是指统一体上的一个范围，而不是一个确定的数量。①

关于多边外交有多种理解和定义：三个或三个以上国家所参与的外交行为或活动②；两个以上的国家进行磋商、协调及举行国际会议进行讨论，以解决彼此关心的问题③；三个或更多国家通过举行国际会议而展开的外交活动，以便协调相互间关系，解决彼此关心的问题④。从广义上讲，只要是三个或三个以上的国际关系行为体进行跨国合作都被认为是多边行动。但维也纳会议后盛行的会议外交，比如一战后的巴黎和会和华盛顿会议，虽然是三个以上行为体的协调与妥协，但大国协调体制从本质上讲，是均势和集体安全的混合物，充其量也只是广义上讲的多边外交。

狭义上的多边外交，并不是简单地指三个或三个以上行为体的跨国合作，而是指不仅仅在于协调三个或者更多国家的政策，同时也在于在一定原则基础上调整、协调这些国家的活动。多边外交不仅限于参加外交活动的国家数目，更在于各国所共有和遵从的观念、原则及机制。所以，多边外交以主权国家参与并建立正式的国际组织为标志，也就是说，只有由主权国家参与而且建立了正式的国际组织，这样的跨国合作才真正属于多边行动。

为什么多边外交要以国际组织为标尺？并在二战后，特别是冷战后成为绝大多数国家的选择？这与国际关系发展中所呈现的现象和问题相关。

首先，20 世纪是国际组织的世纪，各种政府和非政府国际组织如雨

---

① 丁银河：《冷战后欧洲联盟多边外交战略研究》，武汉大学出版社 2011 年版，第 20 页。

② 楚树龙：《多边外交：范畴、背景及中国的应对》，《世界经济与政治》2001 年第 10 期，第 42—44 页。

③ 鲁毅：《外交学概论》，世界知识出版社 2005 年版，第 151 页。

④ 陈志敏、肖佳灵、赵可金：《当代外交学》，北京大学出版社 2008 年版，第 238 页。

后春笋般出现并活跃在国际舞台上，与此同时，国际机制和国际制度对组织战后国际生活具有非同寻常的意义。一战前，大约只有50个政府间国际组织和170个非政府间国际组织，到1940年，这个数目分别增长到80个和500个；而20世纪90年代初，全世界国际组织已经增至近5000个，其中，政府间国际组织约300个，非政府间国际组织约4600个。① 从活动范围来看，国际组织涵盖了政治、经济、文化、环保等各个领域，几乎全球所有国家都不同程度地参加了国际组织的活动。此外，从影响力方面来看，国际组织等非国家行为体的影响力也在逐渐扩大。这些都是外交发展中前所未有的新现象。

其次，20世纪末的苏联解体、东欧剧变，意味着雅尔塔体系所具有的对抗性、集团性、两极性消失，世界多极化趋势不可逆转。这种多极化趋势使世界政治舞台上各种行为体的能量得到释放，受到压制的各种矛盾日益凸显。这一趋势加速了全球化的发展进程，全球性问题日益增多。在全球化背景下，传统双边外交已不能适应新的外交需求，片面的国家利益受到了相互依存的挑战。和平、发展、合作、共赢成为了时代的潮流，多边合作成为解决大范围跨国议题的重要形式。加强国际协调与合作日益受到各国政府的重视，多边外交成为重要的外交方式。

为了解决由于国际社会的无政府状态造成的国家集体行为困境，国际组织通过一系列正式或非正式的规则明确成员的职责，限制和约束其行动。也就是说，国际组织为国际社会成员确立了行为规则。通过促进信息相互交流降低了国际社会的不确定性，以确保国家在追求个体利益最大化的同时，实现国际社会的最低共同利益，推动国际合作的开展。国家通过参与国际组织构建，形成有利的优势地位，而一旦形成，则会产生约束力，并成为其对外行为合法化的标志。

对于国家而言，哪些对外活动属于多边外交呢？按照对外活动的地

---

① Charles W. Kegley, Jr , Eugen R. Wittkopf, *Trend and Transformation*, New York: St Matin's Press. 1993, p. 155.

域范围大致包括以下几种形式：一是参与各种重要的国际机制，如联合国、世界贸易组织、核不扩散机制等；二是参与地区间的对话与合作机制，如中非高层论坛、亚欧首脑会议等；三是参与和发展地区内部的一体化合作机制，如欧洲联盟、上海合作组织、东盟“10+”机制等。冷战后，越来越多的国家通过参与国际组织、开展国际合作的形式寻求关切议题和问题的解决，谋求自身利益和诉求的实现。

国家行为的改变是理念、思想改变的结果。多边外交、多边合作背后的理念、思想是多边主义。多边主义已成为战后国际关系实践的一项指导性原则，并成为逐步深嵌于各国外交活动中的一种观念和实践。可以说，多边主义观念和实践贯穿战后至今的国际关系中。

第二节　多边主义及其影响

多边主义是一种信念，认为任何活动都应该在一种普遍的基础上组织起来，不仅在现实意义上关涉世界如何运转的信念，而且在规范意义上相信事物应该以特定的方式合乎规范地得以组织。多边主义是为促进多边活动而“设计”出来的一种意识形态，它把规范性原则和现实性的信念混合在一起。

多边主义是建立世界秩序的一种组织原则，它决定了国家间的行为方式和权力关系。多边机制体现和在一定程度上反映了国际行为体之间的权力关系，说明多边主义在国家对外政策中的重要性。

一、多边主义的渊源

现在所说的多边主义，始于一战后国际联盟的设计与运行，并进一步风行于二战结束前后美国倡导并力行的国际制度上。它是关于世界应当如何组织的概念，双边主义、帝国式统治的等级形态和多边主义都是关于如何组织的概念，不只是具体组织结构的不同类型而已。为什么会有多边主义的兴起？

战后世界政治中多边主义的兴起，与美国独特的世界政治理念是分不开的。在1945年前的300年国际关系中，欧洲大国一直以均势观念调整着国际关系。历次大的战争之后，均势理念在国际关系的重组中都发挥重要的作用。这是因为欧洲主流的世界政治理念将国内社会与国际社会视为两个截然不同的领域。国内社会可以通过制度安排形成秩序，但是无政府状态的国际社会的治理，依靠制度安排是行不通的，只有通过均势才是可靠的。

而美国的世界政治理念与欧洲有所不同。美国认为国内社会和国际社会在性质上没有太大的区别，国际社会之所以没有达到国内社会的有序状态，恰恰在于国际社会的制度安排和供给不足。因而，如果法律和管制对维护国内社会秩序起关键作用，那么，国际社会要有秩序，最终必须依靠具有管制意义的国际制度才能实现。这就是为什么在世界大战结束前后，在组织国际关系方面，欧洲人仍然固守旧有的均势方式，而美国人则力图通过国际制度安排维持国际秩序的原因所在。因此，美国以威尔逊“十四点计划”为代表所规划的世界秩序，核心是一系列国际制度。

二战后，全球性多边主义组织和制度逐步完善，典型代表是联合国的建立与发展。而且在联合国框架内部还有很多多边主义的成果，如《不扩散核武器条约》《禁止生物武器公约》、裁军谈判会议、和平利用外层空间委员会、教科文组织、粮食与农业组织、国际劳工组织，等等。此外，世界银行、国际货币基金组织、关贸总协定等国际机制也是多边主义的产物。同时，地区层面的多边主义也迅速发展，欧洲联盟、东南亚国家联盟、美洲国家组织、非洲联盟、上海合作组织等都是典型例子。

这些国际组织的发展是多边主义理念扩散和落实的结果。所以，国际组织一直是多边主义最好的体现。如果没有赞同多边主义的义务和决议，就会失去合法性，或者无法得到相应的外交支持；如果没有多边组织对于特定机制运作和发展的支持，特定机制就不会被接受。①

二、多边主义的定义

随着经济要素在国际关系中的作用日益突出，世界相互依赖不断增强，越来越多的领域需要通过国际组织提供的平台促进各国间的合作。1977 年，罗伯特·基欧汉和约瑟夫·奈的《权力与相互依赖——转变中的世界政治》开始讨论国际制度问题，强调国际制度在高度相互依存状态下的功能和作用，呼吁美国不要采取单边主义政策，而应坚持多边主义原则。1984 年，罗伯特·基欧汉发表《霸权之后：世界政治经济中的合作与纷争》，建立了自由制度主义的国际制度理论框架，奠定了新自由制度主义的学理基础，同时也把国际制度研究推向高潮。国际组织不仅提供了解决问题所进行谈判的载体，而且对于“增加信任以及使国家在现存规范和规则协议的限制下进行活动是非常重要的”②。

关于多边主义，当代被广泛接受的定义之一是罗伯特·基欧汉提出的，“所谓多边主义，指的是多个国家组成的集团内部，通过某些制度安排，协调各国政策的一种实践”，他认为“第二次世界大战以后，多边主义在世界政治中逐渐变得重要，它不仅表现为日益增多的多边会议和议题，也体现在多边性的国际组织数量的扩展上”③。

约翰·鲁杰进一步扩展了多边主义，将其简明概括为“按照普遍的行为原则协调三个以上国家之间关系的一种机制化形式”，认为多边主义是“一种框架式”的观念，是国际社会深刻的组织化的原则。作为一种组织原则，他认为多边主义包括三个原则：不可分割性、非歧视性以及扩散的互惠性。不可分割性是指一旦一项行动在多边主义框架内的单

---

① 马克·扎奇尔：《多边组织和多边主义制度：非领土空间的发展机制》，载［美］约翰·鲁杰主编：《多边主义》，苏长和等译，浙江人民出版社 2003 年版，第 458—506 页。

② Robert O. Keohane, *After Hegemony: Cooperation and Discord in the World Political Economy*, Princeton: Princeton University Press, 1984, p. 66.

③ Robert O. Keohane, "Multilateralism: The Agenda for Research," *International Journal*, Vol. 45, Autumn 1990, p. 731.

位或单位之间开始执行，其成本和收益往往会在地理和功能上横向扩散。如果用来解释集体安全领域的多边安排，不可分割性就是指安全不可分割，即对集体安全制度中一个成员国的攻击意味着对全体成员国的攻击。非歧视性是指所有的成员国必须被同等对待，以普遍的行动准则、规范的形式促成国家间联系更为广泛，而不是根据单个国家的偏好、形势的紧急需要或先验的排他主义立场，以个案方式区别对待国家间关系。扩散的互惠性则指在成员国关系中不仅依赖特殊的补偿性的交换，而且需要保持长期的平衡。也就是说，制度安排内的成员国能够预期在一段时间内所取得的收益总额与其他成员大约相当，这有利于抑制目光短浅的功利主义态度，使行为者关注长远的、涉及面广的收益，而不是斤斤计较每时每刻的每一件区区小事。[①] 这三个原则应该作为不可分割的、内在一致的整体来对待，而不是附加在多边主义之上的、可以分离的原则。

罗伯特·考克斯认为："要确定多边主义的含义，必须首先评估世界体系现在和未来所处的环境，其所具有的权力关系赋予多边主义以具体的意义。"[②] 多边主义也被当作建立世界秩序的一种组织原则，这种世界秩序就是概念化了的政治、经济、社会、意识形态和文化的结构，它决定着各种人群之间（国家间）的行为方式和权力关系。所以，多边机制体现了和在一定程度上反映了国际行为体之间的权力关系，也说明多边主义在国家对外政策中的重要性。

综上所述，学界普遍认为多边主义有两个方面的含义：一是指一个国家的外交政策理念或指导思想，它与单边主义、孤立主义的理念相对立；二是指一种新的外交政策工具，它与多边外交基本上同义。[③] 作为一种理念，多边主义以多边外交实践为载体，通过多边的形式讨论国际关系，解决国际问题。与其相对立的单边主义，则只强调一方立场，完

---

① ［美］约翰·鲁杰：《对作为制度的多边主义的剖析》，［美］约翰·鲁杰主编：《多边主义》，苏长和等译，浙江人民出版社 2003 年版，第 3—54 页。

② Robert W. Cox, "Multilateralism and World Order," *Review of International Studies*, April 1992, 18 (2), pp. 161 – 180.

③ 钱文荣：《关于多边主义、多边外交的几点理论和政策思考》，《世界经济与政治》2001 年第 10 期，第 14—20 页。

全从自己的利益出发处理国际事务，不考虑其他行为体利益，甚至不顾国际法和国际道义的约束，绕开联合国等权威的国际机构，依照自己的实力处理国际问题。多边主义谋求协调多方立场，同时考虑其他国际行为体利益，寻找共同立场和谋求国际合作的政策。因此，与不考虑大多数国家和民众的愿望，对和平发展进步造成破坏性影响和后果的单边主义不同，多边主义是和平解决国际问题的手段，是推进国际社会进步的重要方式。作为一种工具，多边主义与多边外交基本同义。所以，也有学者将多边主义定义为：由多个国家通过条约体系建立或加入联盟，以及通过建立国际制度协调各国外交行动的外交政策，是理念与政策的统一。①

尽管能否恰当地理解多边主义和运用多边外交，已成为衡量一国外交成熟程度的重要标志之一，但发达国家、大国和弱小国家对多边主义的理解和参与的出发点是不同的。发达国家或者大国积极开展多边外交，一方面是为了履行维护世界和平、推动世界的发展所担负的历史责任；但更多的是把多边外交当作在更大范围内推行国家政策、扩大国家影响的工具，甚至是干涉他国内政的手段。一旦多边主义政策不能达到预期效果，霸权国则会转向单边主义。但不可否认的是，多边外交是抵御霸权主义、推动多极世界的形成、建立公正合理国际新秩序的有力手段。弱小国家则更多把多边外交当作保护国家独立、主权和利益的工具。

学者们在研究多边主义时也从其两个含义入手进行了区分。秦亚青将多边主义分为“战略性多边主义”和“制度性多边主义”。其中，“战略性多边主义”强调把多边主义作为国家的一种对外战略，指的就是“多边外交”，属于单元层次的研究。一个国家越是趋于多边主义，也就越趋于通过多边外交和谈判方式寻求解决方案。而“制度性多边主义”指的是一种国际互动方式，是体系层面的研究。它强调的是从地区或全球角度讨论多边制度结构，尤其考虑制度性因素对国家间互动产生的影

---

① 丁银河：《冷战后欧洲联盟多边外交战略研究》，武汉大学出版社2011年版，第23页。

响。[1] 李少军的观点与秦亚青相似，他认为多边主义有两个视角：在个体主义视角下，多边主义被认为是国家的个体行为的外交方式，是对国家利益及其实现方式进行权衡的结果。在整体主义视角下，多边主义指的是有组织形式和高道德标准的国际机制或者论坛。[2] 根据国际关系的新变化，W. 安迪·奈特还提出"新多边主义"，将其界定为"在全球范围内运用一定原则（如法律、外交、一体、互惠）处理共同问题的国家之间以及非国家实体之间关系的协调"[3]。

三、多边主义的影响

作为始于一战后国际实践的产物，多边主义与美国构建世界新秩序和维护霸权有着密切联系，但事实上以一系列国际制度的产生和运行为标志的多边主义实践也推动了战后国际关系的民主化演变。

（一）对于美国霸权维护

成为霸权国家的美国，在世界事务治理上与过去欧洲治下的霸权维护方式截然不同，其并非简单地采用垂直式的管理方式。美国通过多边主义指导建立起一系列国际制度，形成其独特的霸权管理体制。美国通过具有相对广泛性和开放性的多边主义国际制度，将更多的国家和地区纳入到美国构建的秩序之下。一方面，美国通过对这些国际机制的议程设计以及对这些国际制度的实际控制，确保美国利益的实现；另一方面，国际制度在形式上的广泛参与性也赋予美国霸权管理以更多的政治和经济合法性。

霸权政治需要的垂直式管理，与扩散的制度性多边主义之间的统一

---

① 秦亚青：《多边主义研究：理论与方法》，《世界经济与政治》2001 年第 10 期，第 9—14 页。

② 徐坚等：《多边主义与中国外交》，《教学与研究》2005 年第 8 期，第 5—29 页。

③ W. Andy Knight, "Engineering Space in Globel Governance: The Emergence of Civil Society in Evolving 'New' Multilateralism," in Michael G. Schechter (ed.), *Future Mutilateralism*, St. Martin's Press, 1999, pp. 282 – 283.

和紧张关系，既是美国霸权管理体制的独特之处，也是其矛盾之处。制度性多边主义是美国管理世界的重要资源，但有时也对美国行为构成有力的制约。在战后美国直接或间接倡导的贸易、海洋和环境问题多边谈判中，美国的态度显得极为暧昧和反复无常。除了在关税及贸易总协定组织的多轮贸易回合谈判中，美国基本遵循了多边主义立场以外，在海洋法问题和环境议题的多边谈判中，当结果有违美国的利益时，美国就会退回到单边主义立场。美国至今仍然没有签署《联合国海洋法公约》和《气候变化框架公约》。

特别是 2003 年，美国在没有得到联合国授权的前提下，不顾国际社会的反对，公然对主权国家伊拉克动武，表现出了强烈的单边主义。这直接导致国际社会更多地将多边主义作为单边主义的对立物，甚至一些政治家和学者进一步把多边主义与单边主义上升到两种不同的世界观。当美国觉得难以控制和左右多边主义制度的运行时，它就会施加必要的霸权压力，或者在既有的多边主义制度中组建新的特权集团，或者干脆另起炉灶，采取单边行动。这大体上构成了美国对待多边主义的几种立场。

因此，希望利用多边主义扩大美国对世界政治的参与和介入，与害怕多边主义的运行增加了其他国家对美国国际行为的制约，一直影响着战后美国外交政策。其背后动力既与国际主义与孤立主义思想的争斗有关，也与美国独特的霸权管理体制有关。冷战结束后，特别是 21 世纪以来，美国在世界政治中的单边主义势头似乎有所增强，对许多先前由其牵头设计的多边国际制度显得信心不足，抛开或绕开多边机制的行为有所增加。尽管多边主义制度有时的确限制着美国的行为，但是，相对于半个多世纪美国对多边主义制度的深深卷入和依赖，多边主义的确扩大了美国自由行动的权利。

（二）促进国际关系民主化

战后世界政治最显著的变化，表现在参与世界政治活动的行为体数目急剧扩大。经过民族解放运动和非殖民化运动，独立参与世界政治活动的国家数目翻了几倍。这是美国设计多边主义制度时所始料不及的事情，从而在结构上导致美国此后在联合国大会及其他多边主义谈判和多边主义组织中处于尴尬的地位，美国在有些多边机制中的意志有时不得不屈服于多数。这有效地促进了国际关系的民主化，反映了世界政治向积极的方向演变。

多边主义的扩散使越来越多的中小国家参与国际组织，并日益成为多边舞台上的活跃者。相较于双边安排，特别是高度不对称的双边安排，往往会使较弱的一方受到交易性、差别性甚至歧视性的遭遇[①]，多边安排则给予中小国家更多的活动空间与机会。正如罗伯特·考克斯所说，“在长期的历史中，国际组织带来的最大的潜在变化，就是它们给予较弱国家去影响舆论和已有决定行动的价值观的机会”[②]。在国际体系中，较弱国家通过集体行动，有了对规则体系施加影响的机会。因此，多边主义被大多数发展中国家，特别是那些权力政治中的弱国视为实现共同目标、对付共同威胁的有效手段[③]。林赛·鲍威尔从亚洲的视角把多边主义界定为一个系统，认为其为发展中国家提供了更多在国际事务中的发言权，促进了发达国家和发展中国家之间的互利平衡，为国际决策提供了更平等和可持续的未来。[④]

然而，作为国际关系中一种“要求很高的形式”，多边主义需要各国牺牲决策上的一些自主性，并尽量克制自己对短期利益的追求，着眼于长远利益的实现。因此，如果设想各国的行为完全符合纯粹的多边主义规范，这是不现实的[⑤]。正如学者们所指出的，“国家不会背离其利益而行事；而只有在多边主义能够实现它们的目的时（无论那些目的是什

---

① 艾琳·巴维拉：《东亚安全多边主义与大国》，载张贵洪、斯瓦兰·辛格：《亚洲的多边主义》，时事出版社 2012 年版，第 33—57 页。

② Robert Cox and Harold K. Jacobosn, et al., *The Anatomy of Influence: Decision Making in International Organization*, New Haven: Yale University Press, 1973, p. 428.

③ 张贵洪、斯瓦兰·辛格：《亚洲的多边主义》，时事出版社 2012 年版，第 8 页。

④ Lindsay Powell, "In defense of multilateralism," in *Global Environment Governance: The Post – Johanne Sburg Agenda*, New Haven: Yale Center for Environmental Law and Policy, 2003, p. 12.

⑤ 利莎·马丁：《理性国家对多边主义的选择》，载［美］约翰·鲁杰主编《多边主义》，苏长和等译，浙江人民出版社 2003 年版，第 107 页。

么)，它才会转而寻求多边主义”。[①] 工具化利用多边主义，以谋求短期国家利益的行为在当下的国际社会并不少见。

当今世界需要全球共同解决的问题不断增加，任何国家都没有能力单独应对全球性问题的挑战，而多边主义带来的机遇和解决问题的办法可使各国受益。2004 年，时任中国外交部长李肇星在亚欧外长会议上表示：“实践证明，多边主义是应对人类共同挑战的有效途径，是解决国际争端的重要手段，是全球化良性发展的有力保障，是促进国际关系民主化和法制化的最佳途径。”[②]

在百年变局与世纪疫情叠加，世界面临团结还是分裂、合作还是对抗、公道还是霸道抉择的关头，2021 年 5 月，习近平主席同联合国秘书长古特雷斯通话时指出：“世界需要真正的多边主义。各国应该按联合国宪章宗旨和原则办事，不能搞单边主义、霸权主义，不能借多边主义之名拼凑小圈子，搞意识形态对抗。”[③] 这是习近平主席对“世界需要什么样的多边主义、各国怎样践行多边主义”这一重要命题做出的重要阐述。多边主义是维护和平、促进发展的有效路径。恪守多边主义，追求公平正义，战乱冲突可以避免；搞单边主义、强权政治，纷争对抗将愈演愈烈。世界上的问题错综复杂，解决问题的出路是维护和践行多边主义，推动构建人类命运共同体。[④]

---

① John Gerard Ruggie, “Multilateralism: The Anatomy of an Institution,” *International Organization*, Vol. 46, No. 3, 1992, pp. 561 – 98; Lisa L. Martin, “Interests, Power, and Multilateralism,” *International Organization*, Vol. 46, No. 4, 1992, pp. 765 – 792.

② 李肇星：《李肇星外长在第六届亚欧外长会议上关于多边主义问题的主旨发言》，中国外交部官网，2004 年 4 月 17 日，http://switzerlandemb.fmprc.gov.cn/wjb_673085/zzjg_673183/gjs_673893/gjzz_673897/yohy_673997/zyjh_674007/201507/t20150714_7660101.shtml。

③ 习近平：《习近平同联合国秘书长古特雷斯通电话》，中国外交部官网，2021 年 5 月 6 日，https://www.mfa.gov.cn/web/ziliao_674904/zt_674979/ywzt_675099/2020/kjgzbdfyyq_699171/202105/t20210506_9184242.shtml。

④ 王毅：《深入贯彻习近平外交思想 高举真正多边主义火炬》，中国外交部官网，2021 年 7 月 9 日，https://www.mfa.gov.cn/web/ziliao_674904/zyjh_674906/202111/t20211129_10458222.shtml。

第三节　案例：2000年中国倡议与东盟建立自由贸易区

2000年，时任中国总理朱镕基在新加坡举行的第四次中国—东盟领导人会议上，首次提出建立中国—东盟自由贸易区的构想，获得东盟方面的热烈响应。经过十年的建设，至2010年，中国—东盟自由贸易区（China and ASEAN Free Trade Area，CAFTA）全面建成。自贸区建成后，中国和东盟双边贸易、双向投资和经济合作均取得显著成效，大大推动了中国与东盟经济的快速发展，巩固和加深了中国同东盟的关系。这是中国自主倡议的第一个多边合作机制，不仅有效加强了中国与东盟之间的经济利益捆绑，而且为稳定中国周边，打造周边命运共同体奠定了扎实基础。

中国—东盟自由贸易区是中国对外建立的第一个自贸区，也是东盟作为整体对外建立的第一个自贸区。中国—东盟自由贸易区是一个涵盖11个国家，19亿人，国内生产总值达11万亿美元（据2012年统计数字）的巨大经济体，是目前世界人口最多的自贸区，也是发展中国家组成的最大的自贸区。从经济规模上看，中国—东盟自由贸易区是仅次于欧盟和北美自由贸易区的全球第三大自由贸易区。

改革开放以来，中国在对外经贸关系中被动回应国际上的倡议和主张较多，主动提出倡议较少。世纪之交，国际局势复杂演变，中国主动倡议建立中国—东盟自由贸易区，是中国积极开展多边外交，不断融入世界体系的成功案例。

一、中国提出倡议的背景

冷战结束后，全球化发展加快，促进了全球贸易和经济的快速增长。但同时，为应对全球化带来的挑战，各地区也加快了区域一体化建设。东南亚国家金融体制监管不善而招致的金融危机，席卷了整个亚洲，中国坚持人民币不贬值，阻止了危机的进一步恶化，为区域国家赢得了宝贵的时间。加强区域合作，构建强大的区域经济一体化机制成为亚洲国家的共识和期待。

（一）全球经贸大发展与区域一体化进程加快

冷战期间，美苏领导的两大阵营各霸一方，并没有形成真正意义上的全球统一市场。1991 年苏联解体后，两极格局宣告结束，阻碍建立全球统一市场的障碍消除。随着全球化进程不断加快，全球市场不断成型，推动了全球贸易和经济增长。1991 年，全球贸易总额 4 万亿美元，到 2001 年全球贸易总额达到 12 万亿美元。在人类经济发展史上，从来没有全球经济增长如此之快的先例。

为应对全球化带来的挑战，规避风险，以地区为依托的区域经济一体化迅猛发展，并成为世界经济的一个重要趋势。欧洲联盟、北美自由贸易区、独立国家联合体、南美共同市场、非洲联盟等，均不断提升和推进了经济一体化合作进程，而只有亚洲缺乏一个强大的区域经济一体化机制和平台。根据世界银行的统计，世界贸易的 55%—60% 是在贸易集团内发生的。到 2002 年 1 月，在世界贸易组织注册的区域经济一体化协定共有 162 个，其中近 80% 都是在 90 年代成立的。在 30 个实力最强的经济体中，只有中国、日本、韩国没有参加任何地区性的经济一体化组织。探索适合本地区经济发展的南南合作模式，为东亚经济注入生机和活力，成为中国这一时期探索和思考的重要议题。

全球化时代是市场经济盛行的时代，不参与全球经济互动、不开展国际经济合作，任何国家的经济都难以实现持久发展。中国加入世界贸易组织（WTO）的谈判即将结束，全面融入世界经济成为不可逆转的趋势。

（二）亚洲金融危机重创东盟

随着金融全球化的发展，国际流动资本增加，国际金融投机者不断在全球寻找机会，利用某国或地区金融市场存在的漏洞，冲击其货币，以实现短期获取暴利的目标。而当时东南亚国家大多为外向型经济，对国际市场依赖很大。为了吸引外资，东南亚国家普遍一方面保持固定汇率，另一方面又扩大金融自由化，同时，金融体制特别是监管体制又不完善。这为国际炒家提供了可乘之机。

1997 年 7 月 2 日，泰国宣布实行浮动汇率制，泰铢当天贬值 18%，外汇及其他金融市场一片混乱。这次危机击垮了泰国 56 家银行，泰铢累计贬值 60%，股票狂泻 70%。危机还持续蔓延，菲律宾比索、印度尼西亚盾、马来西亚吉特相继被迫贬值，一向坚挺的新加坡元也受到冲击。1997 年下半年，韩国、日本也抵挡不住冲击，一系列银行、证券公司相继破产。东南亚金融风暴演变为亚洲金融危机。

当时联合国及国际社会对亚洲经济均存在强烈的悲观情绪，一些经济学家预言："亚洲经济增长的奇迹，一去不复返了"，"亚洲国家从这次金融危机的打击下恢复过来，至少需要 10 年到 15 年的时间。"

（三）中国在亚洲金融危机中表现良好

亚洲金融危机爆发，亚洲货币贬值的浪潮冲击着许多亚洲国家。当这股洪流冲击到中国时，中国政府坚定地向世界声明：人民币不贬值！

当时，世界上很多人不相信，认为人民币必定会贬值，否则中国经济将面临灭顶之灾。但是，中国政府说到做到，保持了人民币坚挺。这为亚洲乃至世界赢得了调整的时间，阻止了危机的进一步加剧和蔓延。从私利出发，中国人民币贬值可以增加出口产品的竞争力，但同时这也会引发新的货币贬值风潮，使正在遭受金融危机煎熬的亚洲国家雪上加霜，后果不堪设想。

为克服货币不贬值而带来的其他亚洲国家产品竞争力增加而中国出口产品竞争力下降的压力，中国政府通过扩大内需进行化解。中国扩大内需的一条重要措施就是修建高速公路网。1997 年中国高速公路通车里程仅 4700 千米，到 2012 年，这一数字达到 9.56 万千米。扩大内需使中国经济保持了增长势头，也使中国政府有可能增加从东盟国家的进口，帮助他们渡过难关。此外，中国还通过国际货币基金组织及双边渠道，向东南亚国家提供了各类急需的援助。中国在危机中的应对赢得了东南亚国家和人民的信任，东盟国家高度评价中国在亚洲金融危机中给予东盟国家的援助。

二、倡议的提出与签署

冷战后，中国与东盟之间关系的建立为进一步合作奠定了基础。1992 年中国成为东盟的磋商伙伴，1993 年中国—东盟经济贸易合作委员会和科学技术合作委员会成立。1995 年中国—东盟高官会议正式建立，1996 年中国正式成为东盟的对话伙伴国。1997 年，首届中国—东盟领导人非正式会晤在马来西亚举行，双方提出建立面向 21 世纪的睦邻互信伙伴关系。在“10 +1”基础上，中国积极推动“10 + 3”合作。1997 年 12 月，首次东盟与中日韩领导人非正式会晤在吉隆坡举行，开创了东亚区域合作的“10 + 3”机制合作框架。中国与东盟关系从“对话合作”逐渐转向“制度性合作”。

1999 年 11 月 28 日，在出席菲律宾马尼拉举行的第三次东盟—中国领导人非正式会议时，时任中国总理朱镕基提出，中方愿在新世纪加强与东盟睦邻互信伙伴关系，并建议加强中国与东盟组织在各个领域、各个层次的对话与合作，尤其是在经贸、科技和金融领域的合作。这一提议得到东盟国家的积极回应。2000 年，中国与东盟的双边贸易额达 395 亿美元，东盟在中国的对外贸易市场上的份额提高到 8.3%，为中国的第五大贸易伙伴，中国在东盟的对外贸易中的份额也提高到 3.9%，为东盟的第六大贸易伙伴。而且，中国与东盟在双边经贸关系发展中具有巨大潜力，自贸区不仅可以增加区内贸易，还会促进外部对区内的投资等。

2000 年 11 月 25 日，时任朱镕基总理在参加新加坡举行的第四次中国—东盟领导人会议时首次提出建立中国—东盟自贸区的构想，并建议在中国—东盟经济贸易合作委员会框架下，成立中国—东盟经济合作专家组，就中国与东盟建立自由贸易关系的可行性进行研究。2001 年 3

月，中国—东盟经济合作专家组成立，专家围绕中国加入世界贸易组织的影响及中国与东盟建立自由贸易关系两个议题进行了充分研究，认为中国与东盟建立自由贸易区对于东盟和中国是双赢的决定，并建议用十年时间建成中国—东盟自贸区。

经中国—东盟高官会议和经济部长会认可后，2001 年 11 月，在文莱举行的第五次中国—东盟领导人会议上，中国与东盟正式宣布：中国与东盟达成了十年内建立中国—东盟自由贸易区的意向，并授权各自的经济部长和高官尽快启动谈判。2002 年 5 月，中国和东盟的 80 多位经济高官和代表相聚于北京，正式启动谈判。时任外经贸部副部长龙永图认为，这是双方在经济全球化和区域经济一体化背景下明智的政策选择。亚洲金融危机和世界经济增长的下滑，凸显了中国与东盟加强经济联系的必要性和紧迫性。中国—东盟自贸区将使双方更好地实现优势互补，开拓新的发展机遇，共同防范经济全球化带来的风险。在谈判中，中国给予了东盟更多的优惠，如“早期收获”计划，给予东盟新成员特殊差别优惠待遇和灵活性等。

2002 年 11 月，第六次中国—东盟领导人会议在柬埔寨金边举行，时任朱镕基总理和东盟 10 国领导人签署了《中国与东盟全面经济合作框架协议》（以下简称《框架协议》），决定到 2010 年建成中国—东盟自由贸易区。《框架协议》的目标是“与东盟结成全面经济合作伙伴”，核心内容是确定自由贸易区的目标，实现自由贸易的“早期收获”方案，经济技术合作安排，给予越南、老挝、柬埔寨三个非世贸组织成员以多边最惠国待遇的承诺以及在货物、服务和投资等领域的未来谈判安排等内容。这标志着中国—东盟自由贸易区的建设进程正式启动。

三、中国—东盟自由贸易区的谈判

2003 年 9 月 3 日，第二次中国—东盟经贸部长会议在金边举行，就中国—东盟自由贸易区框架下的“早期收获”方案及自由贸易区谈判的进展等进行讨论。会议发表的《联合新闻声明》指出，中国和东盟的经贸部长们对自由贸易区谈判进展表示满意，并有信心在《框架协议》规定的时间内如期完成自贸区的谈判。

2004 年 11 月，中国和东盟签署了《中国—东盟全面经济合作框架协议货物贸易协议》（以下简称《货物贸易协议》），规定自 2005 年 7 月起，除 2004 年已实施降税的早期收获产品和少量敏感产品外，双方将对其他约 7000 个税目的产品实施降税。2007 年 1 月 14 日，中国与东盟在菲律宾宿务市签署了《中国—东盟自贸区服务贸易协议》（以下简称《服务贸易协议》），双方在 60 多个服务部门相互做出了高于世界贸易组织水平的市场开放承诺。2009 年 4 月，时任总理温家宝出席了在泰国举行的第十二次中国—东盟领导人会议，签署了中国与东盟的《投资协议》。这标志着中国—东盟自由贸易区谈判圆满完成。

自 2001 年 11 月正式启动建立中国—东盟自由贸易区进程，中国—东盟贸易谈判委员会共举行了 31 次会议，先后签署了中国与东盟的《货物贸易协议》《服务贸易协议》和《投资协议》。这不仅标志着双方圆满完成了中国—东盟自由贸易区的谈判任务，而且三个协议的签署还为中国与东盟各国之间的经贸合作提供了良好的政策支持。随着三个协议的实施，中国—东盟自由贸易区在 2010 年 1 月 1 日宣布全面建成。

四、中国—东盟自由贸易区的成效

建立中国—东盟自由贸易区是中国与东盟合作历程中的历史性一步。它充分反映了双方加强睦邻友好关系的良好愿望，也是中国与东盟之间经济联系不断加强的必然结果。中国—东盟自由贸易区全面启动后，中国和东盟的双边贸易额快速增长，货物贸易的发展尤其突出（参见图 2－1）。从图 2－1 可知，2001 年中国—东盟自贸区倡议的提出与 2010 年自贸区的最终建成，无疑是促进中国与东盟经贸关系发展的重要推动力。从 1993 年中国与东盟双边贸易额首次突破 100 亿美元，到 2013 年双边进出口总额达 4436 亿美元，中国与东盟经过 20 年取得了令世人瞩目的成果。自 2009 年，中国连续保持东盟第一大贸易伙伴地位，2020

年，东盟成为中国最大贸易伙伴。

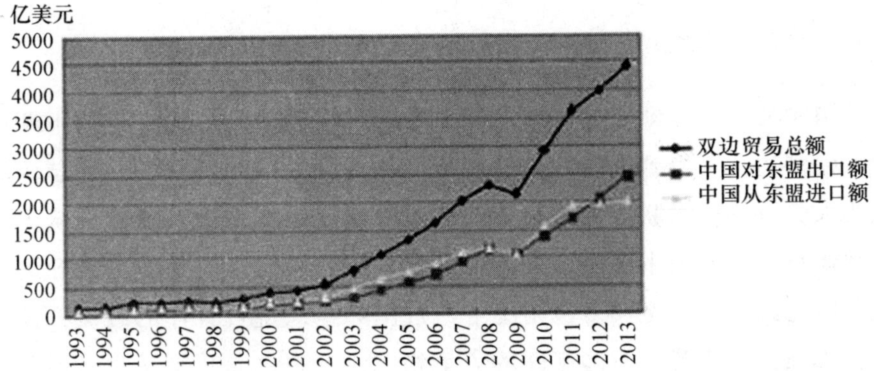

图 2 - 1　1993 年—2013 年中国与东盟双边货物贸易额

资料来源：根据中国海关信息网提供数据整理。

另外，中国与东盟建立自由贸易区也催化了东亚的经济合作。中国优先参与东南亚地区经济多边机制的合作，积极引导制度构建，但不谋求主导地位。中国提出多项深化合作的倡议，引导东亚经济合作的发展，通过推动区域合作实现共同获益，在合作中谋求利益的共同实现，真正践行合作共赢理念。因此，在中国与东盟建立自由贸易区后，日韩也加快与东盟之间的合作进程，先后与东盟建立自贸区。这实质上建立了东亚各国经济之间的联系，推动了东亚经济一体化进程。

建立中国—东盟自由贸易区既是中国自身经济发展的必然需要，同时也是积极应对全球范围内区域经济发展的重要举措。这一区域性合作组织的成功建设，不仅能够深化中国改革开放政策的实施，促进我国与区域经济持续快速发展，而且激活了东亚经济一体化进程，有利于地区的合作与稳定。同时，中国—东盟自由贸易区的建立也有利于增强中国与东盟各国的交流，提升政治互信，更加有效地应对各种争端、挑战与问题，有利于营造和谐区域环境。

本章小结

国际关系的深刻变化，特别是冷战后区域经济一体化进程的不断加快，使多边主义得到青睐，制度规范受到重视。不同形式的共处与合作成为大势所趋，以联合国为代表的多边外交逐渐体现出其价值。从国家的政策目标或原则来理解，多边主义就是国家倾向于与其他国家开展制度化的合作，特别是在多数情况下通过国际组织进行合作的政策，及开展多边外交的实践。与国家间的竞争相比，多边主义政策认为，国际合作能更好地实现国家利益。依赖于国际机制之上的多边外交更能反映多数国家的愿望，有助于推进国际合作，扩大共识、增加信任，能够使世界政治更加多元化。作为较能体现相对多数国家意志的合作交往形式，多边外交既受到厌恶霸权逻辑的中小国家的欢迎，也为希望利用多边场合的大国所逐渐看重，更为未来的多边、多区域间的合作形态开拓了有利的前景。

思考题

一、名词解释

多边外交　多边主义　单边主义　国际机制

二、简答题

1. 简述多边主义的渊源及影响。

2. 什么是多边外交？

3. 多边外交包含哪些内容？

三、论述题

为什么冷战后多边外交成为多数国家的选择？

参考文献

吴建民：《外交案例 II》，中国人民大学出版社 2014 年版。

[美] 约翰·鲁杰主编，苏长和等译：《多边主义》，浙江人民出版社 2003 年版。

鲁毅：《外交学概论》，世界知识出版社 2005 年版。

陈志敏、肖佳灵、赵可金：《当代外交学》，北京大学出版社 2008 年版。

张贵洪、斯瓦兰·辛格：《亚洲的多边主义》，时事出版社 2012 年版。

丁银河：《冷战后欧洲联盟多边外交战略研究》，武汉大学出版社 2011 年版。

徐坚等：《多边主义与中国外交》，《教学与研究》2005 年第 8 期。

王逸舟：《新世纪的中国与多边外交》，《太平洋学报》2021 年第 4 期。

楚树龙：《多边外交：范畴、背景及中国的应对》，《世界经济与政治》2001 年第 10 期。

钱文荣：《关于多边主义、多边外交的几点理论和政策思考》，《世界经济与政治》2001 年第 10 期。

秦亚青：《多边主义研究：理论与方法》，《世界经济与政治》2001 年第 10 期。

李晓燕：《从多边主义到新多边主义：共识稀缺困境及其出路》，《学术界》2022 年第 5 期。

张蕴岭：《东亚合作与中国—东盟自由贸易区的建设》，《当代亚太》2002 年第 1 期。

张蕴岭：《打造中国—东盟自由贸易区升级版》，《东南亚纵横》2014 年第 10 期。

赵银亮：《建构东亚经济合作的新视角——中国—东盟自由贸易区的政治经济学分析》，《东南亚研究》2003 年第 6 期。

Michael G. Schechter (ed.), *Future Mutilateralism*, St. Martin's Press, 1999.

John GerardRuggie, "Multilateralism: The Anatomy of an Institution," *International Organization*, Vol. 46, No. 3, 1992.

Lisa L. Martin, "Interests, Power, and Multilateralism," *International Organization*, Vol. 46, No. 4, 1992.

第三章／民与国：公众舆论

在漫长的人类政治生活中，民与国的关系一直处于不断探索、调整与演进的过程。从“最高政治统治正当性的基础只能来自人民”的人民主权观念的确立，到“政府一切为了人民的福祉”和有限政府、市民社会等观念的产生，政府权力不断被置于人民的监督之下。随着全球化发展和国家间相互依赖加强，民众对一国对外交往日趋感兴趣，并不断影响着国家对外政策的制定与执行。尽管公众对于外交问题的关注和兴趣不及国内经济问题，而且公众意见影响对外政策的程度和后果也充满争议，但是公众与外交之间的关系还是受到越来越多的关注。特别是在某一国际问题或对特定国家的政策成为国内政治议题，引发国内针对性的大规模公众游行示威的时候，尤其如此。

第一节　公众影响外交的途径与方式

在人们的传统概念中，外交是国家间政府对政府的纵横捭阖，与普通公众没有关系。但一战以来，外交公开化和民主化成为不可遏制的历史趋势，公共舆论和社会大众对一个国家对外政策的影响越来越大。特别是随着全球化、信息网络的普及，外交已从政治精英的小圈子向一种新的或国际关系的民主概念转变，民众要求公开解释和开放外交的诉求日益提升。无论在政策制定、政策执行，还是在重大危机时期，任何国家政府都不可能置强烈的民意于不顾，都需要充分考虑行动可能引起的社会后果。

因此，公众对于国家外交及对外行为的影响日益突出。随着全球化的发展和现代通信技术的改进和对外传播的发展，不少国家开始加强对其他国家民众的信息交流和说服工作，即所谓的公众外交或公共外交。这是公众影响外交的一种体现，但公众参与并不仅仅体现于外国公众对一国外交落实和执行效果的影响，更体现于本国公众对一国外交政策制定、执行、评估等各个环节的影响，对一国政府对外行为的约束。

一、公众影响外交的途径

随着经济社会的发展和科学技术的变革，“政治成为一种大众性的共同活动，不再仅限于政治家及公务员们的活动”①，国家与社会关系的全新塑造，要求对外政策的决定更多征求和尊重公众的意愿，更加注重社会公众不可剥夺的知情权和参与权，更加尊重和更多保护个人的政治权利，更加强调主权权利与主权责任的统一性、主权行使与人权落实的一致性②。因此，在国际舆论、媒体和其他交往渠道的助推下，随着教育事业的发展和民生的改善，民众逐渐了解外交与内政的相互联系与作用。出于维护自身权利的需要，民众对国家对外事务不断提出主张与见解，提出补充、修正或质疑。这些意见汇集形成的民意，即公众舆论，包括这一过程中媒体、社会团体的作用，均在公众影响国家政策制定和对外活动中受到更多关注。

（一）公众舆论

所谓公众，是指对于外部社会有一定的共同知觉，或者对具体的社

---

① ［英］苏珊·斯特兰奇著，肖宏宇、耿协峰译：《权力流散——世界经济中的国家与非国家权威》，北京大学出版社 2005 年版，第 11 页。

② ［英］R. J. 文森特著，凌迪等译：《人权与国际关系》，知识出版社 1998 年版，第 182—218 页；［瑞士］托马斯·弗莱纳著，谢鹏程译：《人权是什么?》，中国社会科学出版社 2000 年版，第 87—133 页。

会现象和问题有相近看法的人群。[①] 舆论是民众对国家政治、政府政策、公共问题和对负责处理这些政策和问题的人所公开表示的意见[②]。公众舆论是一个社会中相当比例的民众关于现实社会以及社会中的某一现象、问题所表达的信念、态度、意见和情绪表现的总和，具有相对的一致性、倾向性和强烈程度。从国内政治看，舆论是一种没有强制性的日常行为，是人们在日常生活中形成的风俗和道德习惯，是人们对人和事的一种价值评判。随着社会的发展，舆论逐渐从社会领域转向了公共政治领域，社会舆论向公众舆论发展，成为公共领域的重要范畴。公众舆论是社会秩序基础上共同公开反思的结果，公众舆论被视为公共权力的合法性基础。

关于公众舆论与外交决策之间的互动，罗杰·希尔斯曼指出，美国的决策者分为两个圈层：第一圈，即决策内圈，指直接制定政策者，包括总统、国会、联邦政府各部门、国会各委员会、白宫；第二圈，即决策外圈，指社会力量，包括媒体、公众舆论、政党和利益集团等势力。[③] 公众舆论属于决策外圈，其与决策内圈存在互动关系，即相互影响。其影响对外政策的方式既有直接的，也有间接的。最直接的渠道是公投，即公民就特定对外政策问题，表明赞成与否的投票。例如，瑞士在加入联合国和欧盟问题上进行过多次公投，英国、挪威、丹麦、爱尔兰、法国都曾经就是否加入欧洲共同体和是否通过《欧洲宪法》等议题进行过公投。公投的结果成为这些国家在相关问题上的政策。2014 年 9 月，英国的苏格兰曾就是否脱离英国而举行过全民公投，结果以苏格兰继续留在联合王国告终。2016 年 6 月 23 日，英国就是否留在欧盟举行全民公投，结果显示 51.9% 支持脱离欧盟，48.1% 支持留在欧盟，2017 年 3 月英国上议院通过脱欧法案，确定英国脱离欧盟[④]。匈牙利政府为增加其

---

① 陈力丹：《舆论——感觉周围的精神世界》，上海交通大学出版社 2003 年版，第 6 页。

② 李道揆：《美国政府与政治》，商务印书馆 1999 年版，第 73 页。

③ ［美］罗杰·希尔斯曼著，曹大鹏译：《美国是如何治理的》，商务印书馆 1986 年版，第 290 页。

④ 梁琳、王红续：《如何看待苏格兰独立公投失败及英国脱欧公投成功》，《中国党政干部论坛》2016 年第 8 期，第 100—103 页。

在难民分摊问题上与欧盟斗争的砝码，就欧盟难民分配方案进行公投；意大利伦齐政府在宪法改革法案未能获得议会 2/3 支持后，被迫转向公投，最终演变为对其政府的不信任投票，伦齐被迫辞职。

间接影响对外政策则是指通过影响或改变政府，从而改变政策。选举投票是公众改变政策的常见方式。当然政治选举并不一定将对外政策作为其主要考虑，但是在某些国家对外政策在其国内政治中占有重要地位，或舆论焦点聚集于某对外事件时，民众就会非常关注对外政策，从而通过手中的选票支持与其政策偏好相符的政治家，如在 1968 年和 1972 年的美国总统初选和大选中，候选人在越南问题上的立场和政策是影响公众投票的重要因素。另外民意测验、集会游行等也是公众表达意见、影响政府决策的方式之一。西方有各种各样的民意调查机构，如盖洛普、皮尤研究所和英国广播公司等，这些机构发布的民意调查报告往往成为影响候选人政策的风向标和政策辩论的依据和政治工具。

此外，公众舆论的形成依赖于某种手段的外在表达，通过大众传媒，即报纸、广播、电视等途径，发表倾向性评论，形成舆论压力，从而影响决策。因此，媒体成为公众舆论与外交政策之间的纽带。同时，公众通过利益集团，通过其控制的基金会、民间研究和咨询机构，提出对自身有利的政策或主张，通过直接演说、法院诉讼、间接游说、投票选举等影响政府的决策。

（二）媒体

公众在公共领域里进行沟通交流而形成共识，形成共识的目的是为了影响国家决策，而如何影响国家决策，就决定了公众舆论必须以媒体为载体才能实现其功能。媒体也称为传媒或媒介，包含传播赖以实现的中介和机构，如传统的报纸、广播、电视以及后来兴起的互联网，也包括通过文字、语音或者其他意象符号传达信息的途径。[①] 过去，人们只能通过报纸、书本等形式得到信息，同时也利用这些载体传输信息。

---

① 张清敏：《对外政策分析》，北京大学出版社 2019 年版，第 152 页。

阿·托克维尔在谈到美国的报纸时强调，报纸不仅传播而且监督政治生活，“它使政治生活传播于这个辽阔国家的各地。它经常瞪着眼睛不断地观察政治的秘密动力，把搞政治活动的人依次推上舆论的法庭。它把人们的注意力集结到某种主义或学说周围，并为政党树立旗帜”。[①] 报纸读者主要是国内民众，外国政府通过利用资助别国的报纸影响该国的舆论。比如：1904—1908 年间，法国几乎所有的报纸都收到了来自俄国政府的广告资金，因而对俄国的政治腐败和经济落后保持沉默。随着科学技术的发展，互联网、社交平台等现代传媒得到发展，为公众的沟通提供了更广泛的话题和更快捷的交流平台。因此，公众在获得更及时全面的相关国际信息的同时，公众意见也能够借助传媒力量快速汇集，对政府行为形成制约。

尽管在西方，媒体被称为“第四权力”，强调其对政府的制衡作用，但是媒体并不能独立于政府权力之外。首先，所有媒体都是国家体制的一部分，都受到国家法律法规的约束。在涉及国家安全、国家利益等问题上，政府会对媒体进行信息控制；其次，政府在控制媒体的同时，还充分发挥媒体的舆论引导功能。政府通过新闻发布会、重要讲话等表明政府对外立场，影响媒体议程，限定媒体范围，引导公众舆论，赢得民众支持，增加对外政策和行为的合法性。因此，媒体常常也被视作政府的宣传工具，被认为是某些政治力量麻痹公众，甚至误导公众的帮凶。它们通过制造符合公众所要求的新闻和大众欣赏的形象，转变公众的认知，获得大众的认同，使其成为媒体所控制的对象。

但实质上，媒体也发挥着影响政府对外政策的作用。当外交渠道在危机期间被关闭时，新的全球性媒体就会成为交换信息的替代工具，成为不可或缺的外交渠道。当外交传播可能崩溃时，媒体在大国之间的对抗中就承担起了一个极端重要而微妙的角色。它们通常会变成官方交流的中转人，并由此而成为参与者之间的宣传代理人，以及政府宝贵的信

---

① ［法］阿·托克维尔著，董果良译：《论美国的民主》，商务印书馆 2017 年版，第 233 页。

息来源。[1]

媒体通过框定事件、议程设置、叙事方式、报道时机等影响和塑造舆论。媒体通过遍布全球的记者站网络和及时迅速的信息传达方式，能够高效快速地提供有关外交事件的一手信息。在突发事件中，媒体凭借其敏锐性，有可能会优先于外交人员进入现场，并通过特定方式将事件呈现给受众。媒体如何界定当时的局势，框定、命名发生的事件，不仅影响公众舆论，而且也影响政府决策方案的产生和选择。而且，媒体能够通过调动“道德呐喊”的方式影响和煽动公众情绪，导致公众产生对政府必须“做点什么”的需求。当媒体将复杂的外部形势简化为“道德剧”时，这一效果就出现了。[2] 当然，媒体报道只有在政策制定者允许这种新闻具有影响时，才能产生某种效果，即当政策制定者从利用这类新闻中获得利益时，或当政策制定者在某一议题上存在严重分歧时。[3] 另外，政策制定者个人也会受到情绪性新闻的触动，从而对其决策产生影响。

正是因为媒体与政府关系决定了其在外交决策中的作用大小，所以，媒体对于政策规划的影响程度取决于三种变量：政府精英的团结程度；政策精英的辩论程度；政府行政部门拥有固定政策的程度。如果精英是团结的，媒体倾向于仅仅帮助他们为其对外政策“制造共识”，媒体将不对政策规划产生影响。如果在精英内存在辩论，媒体将反映出这些辩论。但是，如果政策制定者和行政部门仍能规划出一项政策，媒体就不会对政策规划产生影响。[4] 当以上两个条件成立时，媒体仅仅是肯定政府的对外政策方向。

---

① Mowlana, H., “The Media and Foreign Policy: A Framework of Analysis,” pp. 29 – 42, in A. Malek (ed.), *News Media and Foreign Relations: A Multifaceted Perspective*, Norwood, Nj: Ablex, 1998.

② Hawkins, V., “The Other Side of the CNN factor: The Media and Conflict,” *Journalism Studies*, 2002, 3 (2), pp. 225 – 234.

③ ［英］P. 埃瑞克·洛著，陈晞、王振源译：《西方媒体如何影响政治》，新华出版社 2013 年版，第 271 页。

④ Larsson, L., “Journalist and Politicians: A Relationship Requiring A Manoeuvring Space,” *Journalism Studies*, 3 (1), 2002, pp. 21 – 33.

（三）社会团体

随着社会结构的变迁，市场经济的发展和公民意识的觉醒，人们的社会需求和政治需求发生了相应的改变，越来越多的公众通过各种形式将呼声传递到决策层，如非政府组织的成长、民间智库的成立、网络的作用，等等。由于环保意识的增强与信息网络的发展，北京最有名的民间环保组织：自然之友、地球村、绿家园等，通过开展一系列活动，推动了政府和公众环保意识的增强，积极地参与国际环保议题的合作。越来越多目标不一，依托声望的艺术、教育、科学等领域的精英，不断大力扩展民间交往的文化社会团体，关注环境保护等特定议题，等等。这些团体从不同侧面和角度提出看法和要求，丰富或修改原先的议事日程，改变或推动着国家对外政策和对外活动。这些社会团体也不断丰富和改变着传统国家内部的利益集团和社会层化要素，形成社会与国家之间的良性互动、互补，带来难以想象的国际关系连带效应。

冷战后，在社会力量多元化以及互联网等因素的影响下，国家已很难控制大众民族主义①。作为一种社会思潮和社会运动，大众网络民族主义也直接或间接地介入外交进程，并成为影响外交的新因素。网络民族主义思潮和行动弥漫于各种类型的论坛和网站中，网友可以通过注册成为网站会员，并在论坛中公开发帖，就某一外交事件引发的民族主义情绪进行表达和宣泄。当这种情绪表达引发更多关注，形成强大的舆论攻势迅速蔓延到其他网站，则会在现实社会产生巨大反响，有可能会演变成为示威游行等线下运动。这些网络平台本身就具有准组织化特点，有的本身是社会组织的门户网站，有的虽是个人或群体创办，但通过网上表达思想，线下组织活动，进行社会动员的方式，具有明显的准社会组织特征。公众参与的核心在于公众和公共机构的互动，如果两者没有互动，而仅有一方的行为发生，公众参与不成立。一旦网络内外的舆论

---

① 王军：《网络民族主义、市民社会与中国外交》，《世界经济与政治》2010 年第 10 期，第 141—155 页。

不断汇集，将使政府陷入困境：一方面如果过于低调，则得不到大众的理解，会激起民怨，激化社会不满；另一方面，外交部等机构如果采取高调而强硬的做法，则会激化对外矛盾，进而影响外交关系。

也有学者认为无差别地讨论公众对对外政策的影响是无益的，那些对“注意力集中的公众”（他们对政治的兴趣超过了平均水平）和“议题公众”（他们能在特定问题上被动员起来），即有组织的利益团体，才对政策制定者具有影响力。利益团体能够通过多种方式影响政策制定：雇佣擅长直接与政策制定精英接洽的游说者；为政客的竞选运动和政治行动委员会提供资助，以“购买影响力和接近权”；雇佣公关人员和舆论导向专家，以确保他们的观点获得媒体或被选中的小众群体的注意；组织示威，并在极端情况下组织政治暴力活动。①

二、公众影响外交的力度

由于公众在信息获得方面存在缺陷，“公众被日常生活所困，难以获取有关国际问题的信息”，“在国际问题上，公众实际获得的信息和理论上应该获得的信息之间有很大差距”，因此，也有学者认为民众头脑当中关于国际事务的印象很难形成舆论②。有学者甚至认为，公众舆论只是一种“虚幻的力量”而不是“真实的力量”③。关于公众影响对外政策的力度，里瑟－卡彭认为有两类观点：一类是相信公众舆论在对外政策上具有可以测量的和显著的自下而上的效果；另一类是相信舆论仅仅是跟随着利用媒体影响它们的自上而下的领导而已。④ 也就是说，对于公

① ［英］P. 埃瑞克·洛著，陈晞、王振源译：《西方媒体如何影响政治》，新华出版社 2013 年版，第 263 页。

② ［美］沃尔特·李普曼著，阎克文、江红译：《公共舆论》，上海人民出版社 2006 年版，第 66 页。

③ Gerard Herberichs, “On Theories of Public Opinion and International Organization,” *The Public Opinion Quarterly* 30, No. 4 (1966 – 1967), p. 626.

④ Risse – Kappen, T., “Masses and Leaders: Public Opinion, Domestic Structures, and Foreign Policy,” pp. 238 – 261, in D. A. Deese, *The New Politics of American Foreign Policy*, St Martin's Press, 1994.

众能否影响对外政策存在着争议。

在外交的公开化和民主化进程中，随着公众参与和影响外交的途径不断增多，在现实的外交决策过程中，公众舆论确实起到了不可忽视的作用。学者开始对公众舆论的稳定性，以及在对外决策过程中的作用进行定量分析。美国学者 V. O. 基提出了公众舆论影响外交决策的理论框架——“堤坝论”。他认为：“在民主的领导阶层和普通大众之间的互动中，一种观念告诉我们，公众舆论好比一座堤坝，它预示了公众行为的方向，而政府层次的辩论和行动都必须在这个堤坝下谨慎地进行。这个概念避免了将公众舆论人格化的错误，认为公众舆论并不是提出动议或把自己的目标以某种方式转化为政府行为的人或组织。”[①] 也就是说，公众舆论不会直接转变成政策或引起政策的改变，它只代表某种民意；政府可以有所选择，只是选择的范围早已被划定。当公众舆论与政府政策一致时，双方利益都得到满足，那么政策就容易受到公众的接受或支持；而当政府政策与公众舆论冲突时，政府就必须要谨言慎行，原则上政府政策绝不能超出公众可以接受的范围。

因此，当公众舆论非常强烈时，或在危机中的作用非常明显时，会严重制约政策制定过程中可用的抉择。公众舆论影响的方式是划定了政策的范围、限定了决策者的作用区域。也有学者将公众舆论的这种堤坝作用称为公众对政策具有“负向”的权力，即政策精英被认为是对公众担忧“有所回应的”，因为他们预期到了在选民中，哪些人将是不受欢迎的。在民主制国家，政策精英们被认为是回避做出不受欢迎的决策的。[②]

当然，不论这种自下而上的影响程度如何，这种影响总是受到其他因素的局限。国内外的舆论和人气只不过是政策制定者所要考虑的众多因素中的一项而已。最终，自下而上的压力可能仅仅在政策精英能兼容并蓄的情况下发挥作用，而且是当这些压力并未从根本上与政策精英所

---

① V. O. Key, *Public Opinion and American Democracy*, Alfred. A. Knopf, 1961, p. 552.

② Bennett, W. L., “The Media and the Foreign Policy Process,” in D. A. Deese, *The New Politics of American Foreign Policy*, St Martin’s Press. 1994.

偏好的政策观点相抵触时。①

格雷厄姆认为，美国的舆论对于其对外政策具有一种自下而上的影响力，这种影响力是自下而上和自上而下影响力的复杂混合体，如美国总统通过对一个议题的公之于众，启动自上而下的影响力，这能产生自下而上的舆论压力，由此为其提供了抗衡政策精英中的其他成员的谈判筹码。大众被视为追随者，精英通过大众媒体调动大众。②

总之，在外交决策中公众舆论的影响程度实际上是有限的。主要受以下因素的制约：

（一）决策者

舆论能不能影响政策首先要看其能不能影响决策者。“堤坝论”表明，公众舆论常常划定了合法的政治言论和国内政治的范围，限制了决策者可供选择的种类。但政策的制定往往还受制于决策者对公众舆论的理解以及接受程度。比如，有些决策者认为公众舆论与现实的国际利益（当然是指他心目中的）相比有点微不足道，而有些决策者却认为赢得公众的支持对于政策的成功与否非常重要。③ 所以，决策者对公众舆论的理解决定了其反馈程度不一，也直接影响了舆论达到目标的效果。

（二）决策环境

公众舆论对外交政策的作用还受制于决策阶段和决策环境。和平时期和危机时期的舆论形态会呈现出不同的特点，对外交政策的影响力也是不同的。在和平时期，公众舆论的重点在于国内事务，如何改善生活状况、促进个人的发展才是绝大多数人日常关心的问题。对于外交政策，公众舆论会跟随当时盛行的外交理念，呈现出较稳定的趋势，决策者发

---

① ［英］P. 埃瑞克·洛著，陈晞、王振源译：《西方媒体如何影响政治》，新华出版社 2013 年版，第 264 页。

② Graham, T. W., “Public Opinion and U. S. Foreign Policy Decision Making,” in D. A. Deese, *The New Politics of American Foreign Policy*, St Martin’s Press. 1994.

③ Douglas. C. Foyle, *Counting the Public in: Presidents, Public Opinion and Foreign Policy*, Columbia University Press, 1999, pp. 9 – 11.

挥影响的余地较小。当危机出现时，一国的安全和利益受到威胁，公众舆论就会在外交政策领域被大范围地激起。“团结在国旗下”的爱国主义热情使得公众舆论紧紧围绕在决策者周围，对决策者的异议相对较少，国内高度的政策共识为决策者执行某项政策扫除了舆论障碍，决策者发挥影响的余地较大。

综上，受到决策者态度和决策环境的制约，公众舆论的要求不一定完全反映到外交决策中。因此，对外政策很大程度上是独立于公众舆论和为公众设计的媒体报道的，因为对外政策制定者所拥有的信息来源要远远多于记者或公众所能接触到的。政府维持对外事务的官僚体制，对外派出外交官，与外国政治参与者进行不断谈话，雇佣分析家和地区事务专家，并建立情报收集的基础设施，确保获得大量信息。因为有大量信息来源，政策制定者不会像信息较少的公众那样，受到煽动性的大众媒体所描述画面的影响。公众比起政策制定者来说，在耸动性新闻、夸张法、心理战和各方假情报活动面前，则更易受到感染。①

第二节　政府对公众参与外交的应对

一个国家或政权只有获得民众的支持，才能代表这个国家并以这个国家的名义制定对外政策和开展对外活动。公众不仅对关乎自身利益的对外政策日益关注，而且随着国际社会国际规范的扩散，公众受到国际社会的影响，要求政府权力的行使、对外政策的推行和对外行为符合国际规范、国际法准则，符合普世道德和正义原则。这不仅对政府提出了更高要求，而且受外部因素干涉的风险也大大提高。如何顺应时势，采取改良措施，以缓解压力、提高威望，成为各国政府不得不面对的现实。

---

① ［英］P. 埃瑞克·洛著，陈晞、王振源译：《西方媒体如何影响政治》，新华出版社2013年版，第261—262页。

一、现实主义对民意的共识

英国哲学家边沁把公众舆论置于判断政府的合法性与有效性的位置，认为是唯一能够修补政府错误的力量。康德指出，在外交政策上，共和制政体更和平，因为公众可以构成对决策者的制约；反过来，对公众的义务也限制了决策者挑起战争的行为。这些观点的核心是“区别开了爱好和平的公众和可能由于种种理由寻求战争政策的领导人”。[①]“代表论”是与以上观点相一致的民主理论，该理论认为，官员是民众选出来的代表，其政策必须代表多数选民的意愿（公众舆论），而这些意愿是通过特定渠道（选举、民测、利益集团、媒体等）表达出来的。正如美国前总统林肯在1848年所说：“所有民主代议政府的最基本、最重要、最持久的原则之一就是被选出的代表要遵循选举他们的人的意愿。”[②]

二战前，自由主义的公众舆论观主导着美国外交决策的理论和实践。交战双方都把赢得各国，特别是美国的公众舆论支持作为争夺的重点。威尔逊将国际事务和外交的民主化视为建立战后世界秩序的基础，提出只有自由人民才能选择人类的利益而不是狭隘的一己私利。他认为，公众舆论对于精英的冒险行为可以起到一个刹车的作用，使政策制定者由于害怕失去大众支持而不去走极端。[③] 尽管以瓦尔特·利普曼为代表的现实主义者主张在外交方面更多地依靠专家的意见，对公众舆论的作用提出质疑，威尔逊的自由主义观点依然大行其道。直到20世纪30年代后期，随着德、意、日在本国民众的支持下冲破《凡尔赛和约》建立的国际秩序，悍然发动第二次世界大战，以及随后的珍珠港事件，威尔逊的自由主义外交理论才走向终结。现实主义的公众舆论观逐渐成为主流

---

① Ole R. Holsti, *Public Opinion and American Foreign Policy*, University of Michigan Press, 1994, p. 10.

② John G. Nicolay and John Hay, eds. , *Abraham Lincoln: A History*, Vol. 2, New York: the Century Co. 1890, p. 71.

③ Herbert G. Nicholas, “Building on the Wilsonian Heritage,” in Arthur Link, ed. , *Woodrow Wilson*, Hill&Wang, 1968, p. 184.

观点。

现实主义的鼻祖、希腊历史学家修昔底德认为，人的本性是贪婪和自私的，国家也是如此，没有永久的敌人或朋友，只有永久的利益，敌友关系是依国家利益的变化而变化的。而大众常把与别国的关系看作是目的本身，会妨碍决策者客观冷静、深思熟虑地追求国家利益最大化。就连著名自由主义理论家卢梭在谈及外交事务时也表示，“对于每一个公民来说，主要是监督国内法、维护私有财产和保护个人的安全。只要与这三点有关的事务进展顺利，让政府去与外国谈判和制订条约”[①]，即民众管内政，政府办外交。

以汉斯·摩根索和瓦尔特·利普曼为代表的现实主义学者认为，民意的确影响到决策，但它限制了决策者做出明智选择的自由。摩根索说：“理性的外交政策从一开始就不能指望公众的支持，因为公众的观点常常是非理性的。”他认为，“大众的选择会为了今天的好处而牺牲明天的真正利益”。[②] 利普曼则指出，公众对事件的反应速度和缺乏相关知识会威胁任何一个用民意指导外交政策的国家的长远利益，“不幸的事实表明，在重要历史关头，最广泛的民意常常具有破坏性。它们会使知道如何明智行事的政府瞻前顾后、优柔寡断，和平时期的政策过于和平，战争时期的政策过于好战，要么姑息纵容，要么冥顽不化”。[③] 美国学者托马斯·贝利1948年发表的《街上的人》和盖布里尔·阿尔蒙德1950年出版的《美国人民与外交政策》，通过对大量数据和历史案例进行分析和研究，得出了类似的结论：美国民众对外交事务和相关国际事务基本知识所掌握的信息量十分有限，甚至可以说是近乎无知。公众在对外政策的选择上更易于持孤立主义、沙文主义和怀疑主义的态度。阿尔蒙德说：“如果想避免对威胁的恐慌性反应，就必须时时切记美国公众舆论

---

① Miroslav Nincic, "A Sensible Public Opinion and Foreign Policy," *Journal of Conflict Resolution*, Vol. 36, No. 4, Dec. 1992, p. 772.

② Hans Morgenthau, *Politics Among Nations*, Knopf, 1978, p. 147, p. 558.

③ Walter Lippmann, *Essays in the Public Philosophy*, Little, Brown, 1955, p. 20.

的摇摆不定和爆炸性潜质。”①

现实主义学者对民意的性质及其对外交政策的影响达成以下共识，即“阿尔蒙德—利普曼共识”：无知、轻率、非理性；缺乏系统和连贯性；对外交政策的执行和目标的实现影响有限。② 他们认为，面对纷繁复杂、不断变幻的国际关系，决策者应当利用机会，及时决断，而公众舆论的介入只会使决策久拖不决、僵化教条。

二、政府对公众舆论的引导

政策决策者必须基于本国的国家利益理性决策和对外行动，而大众则更多从绝对善恶的简单道义或法律角度进行推理。在汉密尔顿起草的美国联邦文件中，对民意的作用有着相当明确的阐述：“共和的原则要求受民众委托管理其事务的人按民意行事，但并不是对民众的各种反映都言听计从；相反，当民意不一致和不稳定时，他们的责任是不被一时的意见所左右，进行严肃的独立思考。”③

但是，政府的对外政策和行为如果得不到大众的理解和支持，也无法取得理想的政策效果。正如摩根索所言：“政府可能对于外交政策的需要和支持它们的国内政治的需要有着正确的理解，但是，如果它不能引导公共舆论支持这些政策，它的努力将是无效的，并且国家能够夸耀的其他国家权力资源都将不能得到最充分的运用。”④ 因此，政府在对外政策和对外行动时应得到公众舆论的支持。

美国国务院早在一战之前就成立了信息处，以引导民众对外交政策的态度。对公众舆论的了解和引导成为美国外交决策程序的一部分。二战以后，各种民意调查机构纷纷建立，新闻媒体也不定期进行公众舆论

---

① Gabriel A. Almond, *The American People and Foreign Policy*, Harcourt, Brace, 1950, p. 55.

② 王鸣鸣：《公众舆论与美国对外政策》，《世界经济与政治》2002 年第 5 期，第 75—80 页。

③ Roy P. Fairfield, ed. , *The Federalist Papers*, Anchor Books, 1961, pp. 206 – 207.

④ ［美］汉斯·摩根索著，徐昕、郝望、李保平译：《国家间政治：权力斗争与和平》，北京大学出版社 2014 年版，第 220 页。

的调查。自称是非营利、非党派研究和出版机构的美国芝加哥对外关系委员会，是这方面的权威机构。

因此，一国政府要想成功地实现内外政策，必须认清以下三点：一是必须承认好的外交政策的要求与公众舆论的偏好之间的冲突是不可避免的。外交政策需要从国家利益出发，在复杂决策环境中进行理性选择，而公众舆论所带有的非理性、激情和情绪化因素，是与国家对外决策的本质要求相违背的。二是政府必须清楚它是领导者而不是公众舆论的奴隶。民意是动态的、易变的，政府有责任塑造和引导，有意识、有步骤、有战略地推动民意向积极方向发展，而不要被煽动者所裹挟，丧失理性判断。三是区分外交政策中什么是想要得到和必须得到的东西，也就是清楚对公众舆论妥协的尺度。只有准确把握外交的实质，坚持国家利益至上，才能正确缓解公众舆论压力，实现内外政策的和谐统一。

关注到政府对舆论的塑造，也有西方学者将政治实践分为两种类型：精英政治和大众政治。精英政治面向政策制定；而大众政治则面向驾驭和哄骗大众的那些活动。大众政治认为大众是具有政治消极性的——即大众媒体的受众是能够被操纵、引导以及（如有必要）被安抚和转移注意力的。[1] 大众政治并没有慎重地把大众的观点吸纳到政策制定的过程中去，因为公众舆论被认为是具有传播技巧的精英所制造出来的。他们认为，当政策制定者内部发生争论时，政策精英有时候会转向他们的公关人员或舆论导向专家，要求其影响媒体内容，以便调动舆论。然后，在“操纵”舆论方面最为成功的那些派系，会利用这些被调动起来的公众作为他们谈判的杠杆。[2] 也就是说，当政策精英们在决策中产生分歧时，就会通过炒作调动或驾驭大众，将其作为打压对手的工具，以使自己偏好的政策胜出。

从国家层面看，政府一般都注重引导和塑造舆论。一方面，通过教

---

① ［英］P. 埃瑞克·洛著，陈晞、王振源译：《西方媒体如何影响政治》，新华出版社 2013 年版，第 22 页。

② ［英］P. 埃瑞克·洛著，陈晞、王振源译：《西方媒体如何影响政治》，新华出版社 2013 年版，第 22—23 页。

育、动员和引导民意，能够为对外政策造势，赢得民众的支持，获得对外政策和对外行为的合法性；另一方面，通过密切关注和跟踪公众舆论，能够及时对其中非理性、极端情绪化趋势进行干预，采取积极措施进行引导和化解，避免对社会稳定和对外关系造成不良影响。

第三节　案例：2016 年英国脱欧公投

欧洲一体化的每个阶段性进展均包含了国家主权的转移和让渡。在国家主权和现实利益之间的平衡与取舍中，英国脱欧派和留欧派之间产生深刻分歧。英国卡梅伦政府难以凝聚共识、弥合保守党内部的分歧，便诉诸于民意，以脱欧公投为赢得大选的工具。这导致国内分化和对立加剧，加上极右势力独立党推波助澜，疑欧主义迅速发展。2016 年 6 月 24 日，公投结果表明：英国将脱离欧盟，其中支持脱欧的票数为 1741.0742 万张，占 51.9%，支持留欧的票数为 1614.1241 万张，占 48.1%，脱欧派以微弱优势战胜留欧派。

2017 年 3 月 29 日，英国首相特蕾莎·梅宣布启动《里斯本条约》第 50 条，英国与欧盟开始进行脱欧谈判。2020 年 1 月 31 日，英国正式退出欧盟，结束了其 47 年的欧盟成员国身份。2020 年 12 月 31 日，过渡期结束，英国彻底退出了单一市场和关税同盟。

一、英国脱欧公投背景

自 1973 年英国加入欧盟，双方逐渐产生了相互依赖的关系，对于英国政治精英们而言，脱欧几乎是不可想象的。但是，英国国内的保守派对于欧盟权力的日益扩大不断抵触，在保守党内部形成了强大的疑欧势力，这股势力不断地搅扰着保守党内部的稳定。进入 21 世纪以来，欧盟应对发展和治理危机不力暴露欧洲一体化的困境，导致了欧盟权力合法性危机。

欧债危机对英国经济造成严重冲击，引发民粹主义盛行。欧债危机的负面影响外溢到英国社会经济，导致英国 2009 年的经济增长急剧下降。英国采取紧缩政策，削减了社会福利，以节约开支。但受欧债危机冲击，英国民众本就已经大面积失业，收入锐减，生存状况恶化，这无疑是雪上加霜。这刺激了英国保守党内的疑欧派势力，英国民众疑欧情绪上升。欧债危机使英国彻底拒绝加入欧元区，开始在欧洲市场之外寻求与新兴经济体的经贸合作，以降低对欧洲市场的依赖。

移民问题也是导致英国脱离欧盟的原因。2004 年以来，欧盟先后吸纳了 12 个中东欧国家加入欧盟。这导致中东欧的移民大量流入欧洲，英国成为移民青睐的目的地。据英国国家统计的数据，2005 年，每天有 1500 名移民抵达英国。自从布莱尔上台后，进入英国的移民总数达到了 130 万。外来移民多为低技能工人，他们的流入冲击了本就被失业阴影笼罩的英国本地中下层居民的就业。而且在文化方面，移民多信奉伊斯兰教，融入英国社会困难。伊斯兰教中的极端分子趁机煽动和鼓吹“圣战”，导致英国社会动荡不安，民众怨声载道，致使移民问题政治化，并对英国国内政治产生重大影响。

欧债危机外溢导致英国经济遭受严重冲击，加上英国对欧盟移民政策、每年的高额预算长期不满，英国与欧盟的隔阂日益加深。这强化了英国不想彻底融入欧盟的决心。同时，欧洲一体化导致外来移民争夺劳工阶层的岗位，而政府难以回应中下层民众限制外来竞争者的期许，也不能增加社会福利，为劳工阶层提供社会保障，从而使这一阶层转向了极右翼保护主义。

二、英国政府脱欧公投的国内考量

英国卡梅伦政府在对欧政策中奉行实用主义，脱欧公投倡议可以迎合国内众多对欧盟不满的中下层社会群体，同时在外交上给欧盟施加压力，从而获得对英国更有利的条件。因此，时任英国首相卡梅伦释放了英国脱欧公投这一黑天鹅。

公投是卡梅伦赢得大选、弥合保守党内部分歧的工具。2010 年卡梅伦通过与保守党右翼势力妥协，与自民党组成了联合政府。保守党内疑欧情绪十分严重，双方妥协的条件就是举行脱欧公投，以稳定保守党内政治局势。2013 年 1 月 23 日，卡梅伦就英国与欧盟关系前景发表正式讲话时承诺，如果他赢得 2015 年举行的大选，会在一年内批准脱欧公投所需法律，制定与欧盟关系的新原则，然后就脱欧问题举行全民公投，让人民有机会选择继续留在或退出欧盟。为了在 2015 年大选中击败左翼的工党，其竞选团队以脱欧公投为话题转移社会舆论焦点以争夺选票。保守党内部关于欧洲移民问题的分歧愈演愈烈。亲欧派认为，欧盟公民的自由流动带来了巨大好处，劳动力的自由流动为英国企业提供了创新和增长所需的资源。疑欧派则表示难以接受欧盟移民政策的诸多限制。

另外，脱欧公投也成为卡梅伦向欧盟施加压力的筹码。当欧盟正忙于应对欧元区经济持续低迷和移民问题之时，英国卡梅伦政府提出欧盟改革议题，并希望通过欧盟的改革增强非欧元区对欧元区决策的话语权，强化英国在欧盟决策过程中的主导作用。由于英国是欧盟的重要成员国，欧盟为避免英国脱欧，较大程度地满足了英国的要求。

2015 年 5 月，保守党赢得大选并顺利组阁之后，脱欧公投随即被提上议事日程。5 月 28 日，英国政府向议会提交了“欧盟公投法案”。6 月 9 日，议会下院以压倒多数通过“欧盟公投法案”。公投法规定，生活在英国的英格兰、爱尔兰、英联邦成员国 18 岁以上公民，以及在海外生活少于 15 年的英国公民，有资格参与投票，就脱欧问题选择“是”或“否”，超过半数的选项获胜。

卡梅伦认为，根据早期民调，留欧派处于领先状态，而且摇摆不定的选民会倾向于维持现状以规避风险。因此，他对自己赢得公投抱有很高期望。在公投之前，英国政府还就英国公众最关心的欧盟成员国身份问题与欧盟重新谈判等事宜进行了宣传，以增加赢得公投的几率。但英国政府错估了脱欧势力及移民问题对中下层选民的影响，脱欧派对移民问题政治化的分歧压倒了留欧派关于脱欧后可能造成经济风险的言论。

尽管英国首相卡梅伦为了防止疑欧情绪积累到更加严重的程度，将于2017年或2018年举行的公投提前到2016年6月，但是脱欧公投进程启动后，英国各党派和利益集团以及广大民众分裂成留欧和脱欧两大阵营，并相互激烈博弈的现实仍大大超出了他的预期。

三、英国脱欧公投中的博弈

多年来，英国民众经受了一系列重大事件和问题的猛烈冲击，包括2008年全球金融危机、由希腊债务问题引发的欧洲债务危机、移民和难民危机、就业问题、恐怖主义袭击问题等，从而不断累积和加剧了疑欧情绪。

由于意识形态分歧，英国两大主流传统政党工党和保守党内对欧立场也并不统一，都存在亲欧派和疑欧派。工党对欧洲的态度虽然经历了从反对一体化到积极参与一体化的转变，但在对欧立场上，工党内部始终存在左翼、中翼、右翼的政治分野。左翼主张社会经济，右翼支持自由主义，二者在对待欧盟的态度上截然相反，矛盾不断。工党领袖科尔宾因无力融合党内疑欧派和亲欧派矛盾、工党精英与选民之间的矛盾，再加上他在脱欧公投中持模棱两可的立场，这不仅导致党内亲欧派的反对，也导致原本支持工党的选民倒向了保守党。

二战后，英国保守党对于欧洲的态度总是存在分歧，“经济领域的自由主义和社会领域的国家主义是保守党内部亲欧派和疑欧派分歧最大的领域”：亲欧派主张在经济上与欧洲积极合作，如积极参与欧洲单一市场建设，而疑欧派则始终对欧共体持怀疑态度，尤其是对需要成员国让渡部分主权的行为保持警惕。公投前，英国国内就脱欧问题分成了以首相卡梅伦以及财长奥斯本为代表的留欧派，以保守党议员、前伦敦市长鲍里斯以及保守党议员戈夫和帕特尔为代表的脱欧派。留欧派认为，脱欧会对英国经济造成重大冲击；脱欧派则坚持认为，欧盟倡导的人员和资金自由流动会威胁英国的安全和主权。由于执政的保守党内部的分裂，政府难以把控公投的发展方向，加上反对党工党以及日渐壮大的独立党的煽风点火，公投结果脱离了政治精英的预期。

由于脱欧问题而崛起的独立党也加入了脱欧公投的博弈之中。通过主张硬脱欧，宣传强硬的移民政策，独立党吸引了大量的疑欧派选民。将国民医疗服务体系、难民危机等热点议题与脱欧问题相结合，批评和反思主流政党的对欧政策是独立党宣传的重点，成功地汇聚了中下层群体的民意。

在脱欧成为英国不得不面对的现实议题后，英国政治精英在混乱中寻求个人利益，政党政治极端化。脱欧议题成为英国国内各政党操控公众舆论、获取利益的角力场。欧洲议会脱欧协调人批评英国保守党和工党在谈判过程中更注重“玩弄”政党政治，政党利益被置于国家利益之上，导致议会难以对政府的脱欧协调达成一致。虽然卡梅伦首相做了最大的努力，采取了“胡萝卜加大棒”式的宣传策略，但脱欧派也不甘落后，他们宣传拉拢的效果更加明显，在安全考虑、经济负担、自由、移民问题等方面上，抓住民众关切，提出了更符合人们希冀的主张和解决方案。

媒体的立场也引导民意左右摇摆。在公投即将举行前夕，英国媒体纷纷站队。在留欧和脱欧的舆论宣传中，一直带有疑欧情结的英国右翼媒体，更是对移民和难民所引起的社会问题火上浇油，以此来鼓动退欧。根据《金融时报》的统计，明确支持脱欧的有《太阳报》《星期日太阳报》《星期日泰晤士报》《每日快报》《星期日快报》《星期日电讯报》《旁观者》等；明确支持留欧的有《卫报》《金融时报》《泰晤士报》《经济学人》《观察者报》《星期日镜报》《星期日人民报》和《星期日邮报》等。国际金融大鳄索罗斯在《卫报》上发表文章警告称，假如英国公投结果为退出欧盟，这可能引发英镑暴跌。而另一方面，《每日电讯报》则联名发表公开信，称欧盟的官僚主义和繁文缛节令英国企业“窒息”，损害了英国的竞争力。英国300多家中小企业领袖认为，如果脱离欧盟，英国企业可以自由发展、拓展新市场并创造就业，因此要求英国退出欧盟。脱欧、留欧两派政治力量为了给自己加分，毫无克制地相互攻击，甚至不惜滥用各种事实和数据。《卫报》专栏作家佐伊·威廉姆斯说；“从来没有一次大选像这次公投一样为谎言所充斥，人们不得不通过观察政客的语速、眼神来判断他是否在说谎。”媒体的不同态度从一个侧面反映了英国舆论被公投所撕裂。也正是那些不客观的报道和评论，为民众的非理性集体行为推波助澜。

很多投票人和媒体将脱欧公投视为民主的象征和民众行使自己政治权利的直接体现。在政治动员、移民问题、难民危机以及恐怖袭击所造成的社会分裂和恐惧的阴影下，在留欧、脱欧舆论厮杀中，民众对于是否脱欧的分歧非常严重。民调机构公投前六个月的调查数据显示，支持留在欧盟的英国人占51%，认为英国应该退出欧盟的占49%，留欧派仅比脱欧派高2%。6月24日，英国公投脱欧派险胜，当原本无法想象的情况在瞬间变成无可逆转的事实后，英国国内惊讶声、惋惜声、欢呼声四起。英国脱欧重创英国金融市场，当天英镑暴跌超过10%，创1985年来新低。欧洲各国股市一泻千里，均下跌10%左右。英国首相卡梅伦因留欧努力失败，宣布辞职。

脱欧公投刚刚结束，就有超过280万英国民众联署签名请愿“二次公投”，截至7月8日，英国政府和议会请愿网站上要求举行“二次公投”的人数已经超过412万。前苏格兰自治政府第一长官埃里克斯·萨尔蒙德抨击称：“脱欧阵营在国民公投后没有任何的计划，埋头只知道搞政治斗争。”由此可见，留欧、脱欧以及悔脱欧的角逐，其实是在精英阶层及其政党的煽动下，下层民众发泄愤怒的出口。

英国《每日邮报》称，根据民调结果，有7%投脱欧票的人对他们的行为表示“后悔”。在伦敦，29岁的小学教师帕洛特接受中国《环球时报》记者采访时说，自己此前对欧盟的官僚作风颇有牢骚，因此投票时选择了脱欧，没想到有如此之多的英国人都选择脱欧，令一句牢骚话变成了事实。“我个人投了脱离票，轻信了那些谎言”，网民坎比留言称：“我后悔得不得了，感觉自己的投票被抢走了。”其实相当一部分英国公民对于此次公投对于英国的影响并不了解，他们并不清楚脱欧的真正含义，也不明白脱欧对自己的生活究竟会造成什么样的影响，仅仅是依靠民粹政客的政治动员，凭着自身感受而做出了极端化、情绪化的非理智选择。

正如英国《金融时报》首席经济评论员马丁·沃尔夫所说："关于英国是否退出欧盟，是一个技术问题，是一个极为复杂的问题，很难理智地解释其利弊得失，而在全民辩论过程中，往往会出现夸大、谎言、误导，整个辩论的气氛因此被毒化，所以我不相信在这种气氛下选民会做出明智的决定。"

欧债危机、难民危机使中产和贫民阶层的生活状况持续恶化，英国贫富分化加剧，社会两极分化日趋严重。英国经济不振导致国内出现资产保护、反对外资和反移民等现象；而政治右倾又使得民粹主义、反移民、种族主义等大行其道。脱欧公投最终演变为选民对现实不满的发泄。而卡梅伦政府"直接民主"式的全民脱欧公投，也使英国和欧盟失去了转圜的余地，不得不直面脱欧这一公投结果。英国脱欧公投看似体现了西方式的直接民主，民众能够直接参与到国家重大决策过程中，但实质上只是卡梅伦政府推卸责任、将复杂问题简单化、玩弄选举政治失败的结果。

本章小结

没有一个政府的对外政策是由公众舆论控制的，也没有一个政府从来都不在乎公众舆论的。在当今国际背景下，政治人物都非常在意民意。实际上，民意与对外政策的关系从来不是单向的，而是一个互动的过程。一个国家或政权只有获得民众的支持，才能代表这个国家并以这个国家的名义制定对外政策和开展对外活动。政府一般都注重引导和塑造舆论。一方面，通过教育、动员和引导民意，获得对外行为的合法性；另一方面，通过密切关注和跟踪公众舆论，及时对其中非理性、极端情绪化趋势进行化解，避免对社会稳定和对外关系造成不良影响。

思考题

一、名词解释

公众舆论　媒体　对外决策　国家利益

二、简答题

1. 现实主义是如何看待公众舆论的？
2. 公众舆论如何影响国家决策？影响力度如何？
3. 媒体在公众舆论与政府间发挥何作用？

三、论述题

如何理解公众舆论与政府之间的相互关系？

参考文献

［英］苏珊·斯特兰奇著，肖宏宇、耿协峰译：《权力流散——世界经济中的国家与非国家权威》，北京大学出版社 2005 年版。

［英］R. J. 文森特著，凌迪等译：《人权与国际关系》，知识出版社 1998 年版。

［瑞士］托马斯·弗莱纳著，谢鹏程译：《人权是什么?》，中国社会科学出版社 2000 年版。

陈力丹：《舆论——感觉周围的精神世界》，上海交通大学出版社 2003 年版。

李道揆：《美国政府与政治》，商务印书馆 1999 年版。

［美］汉斯·摩根索著，徐昕、郝望、李保平译：《国家间政治：权力斗争与和平》，北京大学出版社 2014 年版。

［英］P. 埃瑞克·洛著，陈晞、王振源译：《西方媒体如何影响政治》，新华出版社 2013 年版。

［美］沃尔特·李普曼著，阎克文、江红译：《公共舆论》，上海人民出版社 2006 年版。

［美］罗杰·希尔斯曼著，曹大鹏译：《美国是如何治理的》，商务印书馆 1986 年版。

［法］阿·托克维尔著，董果良译：《论美国的民主》，商务印书馆 2017 年版。

王鸣鸣：《公众舆论与美国对外政策》，《世界经济与政治》2002 年第 5 期。

王军：《网络民族主义、市民社会与中国外交》，《世界经济与政治》2010 年第 10 期。

李济时：《从英国脱欧公投看公投民主的理论与实践》，《当代世界与社会主义》2017 年第 4 期。

郭枭：《“脱欧”进程中英国主要政党的博弈与前景》，《当代世界》2019 年第 9 期。

刘益梅：《英国“脱欧”公投中的民粹主义现象分析》，《江苏行政学院学报》2017 年第 4 期。

D. A. Deese, *The New Politics of American Foreign Policy*, St Martin's Press. 1994.

Douglas. C. Foyle, *Counting the Public in: Presidents, Public Opinion and Foreign Policy*, Columbia University Press, 1999.

Ole R. Holsti, *Public Opinion and American Foreign Policy*, University of Michigan Press, 1994.

Gabriel A. Almond, *The American People and Foreign Policy*, Harcourt, Brace, 1950.

Malek (ed.), *News Media and Foreign Relations: A Multifaceted Perspective*, Norwood, Nj: Ablex, 1998.

Larsson, L., "Journalist and Politicians: A Relationship Requiring A Manoeuvring Space," *Journalism Studies*, 3 (1), 2002.

第四章／责与利：全球治理

经济贸易的全球化、信息时代的到来、全球性危机的加剧，打破了传统的国家疆界，使国家不再像从前那样具有无所不能的控制能力。全球治理是一种管理世界事务的新结构，通过当代国际体系中多元行为体的跨国集体行动，推动实现全球事务的良治，促进国际社会走向有利无害的方向。全球治理需要以国际规制或制度为载体，通过多边协调，推进国际合作。主权国家在面对全球治理的国际责任时，都同时会遇到与国家利益之间的权衡，这也是全球治理进程缓慢的根本所在。

第一节　全球治理的概念及机制

全球化进程不断深化和新科技革命持续发展极大地促进了国际间相互依赖加深与全球性问题的层出不穷，疫病传染、气候变暖、金融危机、恐怖活动、毒品走私、难民问题等日益成为全球性的威胁和挑战。国际社会对这些全球性问题进行治理的需要更加紧迫，甚至深刻影响着人类的共同命运。

一、全球治理的提出与定义

全球治理的产生是全球化不断扩展、全球性问题蔓延和全球合作深化的必然结果。随着全球化使当代世界社会、政治、经济等发生深刻的变化，民族国家越来越难以完全掌控本国事务及其对全球的影响。全球化不仅对国家主权、政府体制、价值观念等提出严重挑战，不断削弱民族国家主权及其政府的权威，而且民族国家过去依赖的管理和解决问题的路径与手段不断暴露出其局限性，使政府陷入无能为力的局面。

自20世纪90年代以来，有关全球治理的相关研究日益增多，目前已成为引起国际社会和学术界广泛关注的议题。全球治理提出的理论前提是治理概念的发展。20世纪80年代后期，随着冷战格局的即将瓦解，欧洲等多个西方国家出现大面积失业、财政赤字、官僚体制低效等政治、经济与社会问题，以往的统治措施难以见效。为了扭转困境，实现社会资源的最优配置，各国政府陆续通过公共管理改革重新定位政府职能，探索新的管理模式。1989年世界银行在讨论撒哈拉以南非洲的发展问题时提出了“治理危机”的表述，治理作为一种新型管理模式逐渐进入人们的视野[①]。随着全球性问题的日益增多，以及治理理论的不断成熟，学者开始尝试将治理的分析框架应用到国际层面。

全球治理最早由德意志联邦共和国前总理威利·勃兰特于20世纪90年代初提出和倡导，他同瑞典前首相卡尔森等28位国际知名人士于1992年在联合国发起成立全球治理委员会。在1995年联合国成立50周年之际，全球治理委员会发表了题为《天涯成比邻——全球治理委员会的报告》[②] 的研究报告。报告关注全球治理现状、国际社会合作等一系列有关人类未来的重要问题，并被翻译成多种语言在世界范围内广泛传播。

（一）全球治理的概念

美国学者詹姆斯·罗西瑙从学理层面讨论了全球治理，他将治理作为解释20世纪80年代国际合作实践的一个新视角。将治理概念与当时

---

① 王义桅：《超越均势：全球治理与大国合作》，上海三联书店2008年版，第210—211页。

② ［瑞典］英瓦尔·卡尔松、［圭］什里达特·兰法尔主编，赵仲强、李正凌译：《天涯成比邻——全球治理委员会的报告》，中国对外翻译出版公司1995年版。

政府变革相结合，他试图探寻最大限度限制政府权力进而形成“没有政府的治理”，以挑战传统自上而下的等级结构范式，寻求公共部门管理改革的新方向。他认为“治理与政府统治并非同义词，治理是由共同目标所支持的，这个目标未必出自合法的以及正式规定的职责，而且它也不一定需要依靠强制力量克服挑战而使别人服从”。[①] 因此，他提出，没有政府的治理是可能的，认为全球治理等权威性终将取代传统的国家强制力。这在当时是极具开创性的全新视角，迎合了当时限制政府规模、规范政府权力范围的时代诉求。

彼埃尔·德·塞纳克伦斯则认为，全球治理“首先是各国之间，尤其是大国之间的协议与惯例的产物”，“各国政府间组织，以及由非政府组织或跨国公司所推动的非正式调节程序也都包括在这种治理之内，它既是各国参与的国际谈判的产物，也是由个人、压力团体、政府间组织和非政府组织形成的混杂联合的结果”[②]。罗伯特·基欧汉和约瑟夫·奈在讨论全球治理问题时也指出，治理是“正式和非正式的指导并限制一个团体集体行动的程度和机制”，全球治理则是全球层次的治理，是“由各种规则、规范和机构构成的国际机制”。[③]

中国学者接纳了国际学界的主要观点，提出了全球治理的概念。俞可平指出，所谓全球治理，是通过具有约束力的国际规制解决全球性的冲突、生态、人权、移民、毒品、走私、传染病等问题，以维持正常的国际政治经济秩序。[④] 蔡拓则认为，全球治理是“以人类整体论和共同利益论为价值导向的，多元行为体平等对话、协商合作，共同应对全球变革和全球问题挑战的一种新的管理人类公共事务的规则、机制、方法

---

① ［美］詹姆斯·罗西瑙主编，张胜军等译：《没有政府的治理：世界政治中的秩序与变革》，江西人民出版社 2001 年版，第 4—5 页。

② ［瑞士］彼埃尔·德·塞纳克伦斯著，冯炳昆译：《治理与国际调节机制的危机》，《国际社会科学杂志》1999 年第 1 期，第 91—103 页。

③ ［美］罗伯特·基欧汉、约瑟夫·奈：《导言》，载［美］约瑟夫·奈、［美］约翰·唐纳胡主编，王勇等译：《全球化世界的治理：世界政治中的秩序与变革》，世界知识出版社 2003 年版，第 10—21 页。

④ 俞可平：《全球治理引论》，《马克思主义与现实》2002 年第 1 期，第 20—32 页。

和活动”[①]。

综上所述，全球治理，简单地说，是指全球化时代特殊的背景下，国际社会的各个成员（民族国家和非国家行为体），在国际间的不同层次和框架下，依照联合国宪章精神和公认的各种准则，为解决日益增多的全球性危机和各种国际难题做出的共同努力。这一概念强调全球的特定范围与性质，也就是说治理不是单个国家的责任和权利，而是地球村所有成员的共同义务与利害关系所在；重点指向治理，要求各国及其决策者直面挑战，不回避压力和自身职责，确定自身参与这一进程的时间和方式，与国际社会其他成员一起应对全球性问题。

（二）全球治理的主体与客体

全球治理主体是制定和实施全球规制的组织机构。虽然主权国家及其政府是重要的治理主体，但治理主体正在突破一国治理的范围。不同领域、不同层级的行为体，如个人、团体、次国家、国家、超国家等正在构成日益复杂的多元治理网络。

全球治理主体日益多元化，一些次国家治理主体的作用日益受到关注，如介于国家和个人之间的全球公民社会组织，其基本的组成要素是国际非政府的民间组织。还有一些超国家行为体与国际规制也在全球治理中产生重要的影响，如联合国、二十国集团、北约组织、世界贸易组织、国际货币基金组织、世界银行，等等。这些超国家行为体已超越主权国家的传统边界，在全球治理体系中产生直接的影响。这种治理主体多元化的现象，被安东尼·麦克格鲁形象地比喻为“三明治”，他认为治理主体可以分为四类，即全球与地区的超国家行为体、主权国家行为体、跨国层次的行为体及次国家层次的行为体。[②] 尽管在全球性问题面前，国家不是万能的，但拥有主权的民族国家仍是国内和国际关系中行

---

① 蔡拓：《全球治理的中国视角与实践》，《中国社会科学》2004 年第 1 期，第 94—106 页。

② Anthony McGrew, “Power Shift: From National Government to Global Governance?”, in David Held eds, *A Globalizing World? Culture, Economics, Politics*, Routledge, 2004, p. 137.

使权威的关键行为体，也依然是全球治理中最重要的主体。

全球治理的客体就是全球治理的对象，是深刻影响整个人类的跨国性问题。全球化的迅猛发展不断衍生出跨越国家界限，上升至区域，甚至是全球层次的问题，这些问题具有跨国性、流动性、全球性、连续性、互动性等特点。这些问题可以分为以下五类：第一，全球安全，包括国家间或区域性的武装冲突、核武器的生产与扩散、大规模杀伤性武器的生产和交易、非防卫性军事力量的兴起等；第二，生态环境，包括资源的合理利用与开发、污染源的控制、稀有动植物的保护等；第三，国际经济，包括全球金融市场、贫富两极分化、全球经济安全、公平竞争、债务危机、跨国交通、国际汇率等；第四，跨国犯罪，例如走私、非法移民、毒品交易、贩卖人口、国际恐怖活动等；第五，人权问题，例如种族灭绝、对平民的屠杀、疾病的传染、饥饿与贫困以及国际社会的不公正等。① 这些问题的产生、发展和解决有其自身规律，仅依靠一国或几国无法有效解决，因此，只有通过共同承担治理的责任，开展国际合作才可能有效应对。

在与各国的关系上，政府间组织有时具有一定程度的自主性，人们把它们视为国际政策的活动单位，成为国际政治结构的一部分。然而，它们仍然从属于国家，至少是从属于那些在国际关系中数得着的国家，因此，（国际组织）的政治自主性是不稳定的。它们的意识形态取向、职能和纲领，原则上是由各国政府规定的，它们的政治影响力也就取决于此。所以，肯定国际组织对于国际合作贡献的同时，必须研究其所作所为的具体内容，包括其所捍卫的原则、所提倡的标准以及所从事的计划项目，这些无一不与大国的利益相关。②

① 俞可平：《全球治理引论》，《马克思主义与现实》2002 年第 1 期，第 20—32 页。

② ［瑞士］彼埃尔·德·塞纳克伦斯著，冯炳昆译：《治理与国际调节机制的危机》，《国际社会科学杂志》1999 年第 1 期，第 91—103 页。

二、建立以联合国为主体的全球治理体系

由民族国家所构成的政府间国际组织是开展国际合作最有效的平台，也是全球治理所依赖的主体。尽管国际社会中的政府间国际组织众多，并不断涌现出新的全球治理平台，但这些平台需要以联合国宪章精神为指导，并与联合国进行有机的结合才能够有效发挥作用。

（一）联合国在全球治理中的主导作用

联合国作为全球最大的政府间国际组织，是开展国际合作的最大平台，是具有最广泛代表性的国际论坛，是合法性的重要来源。塑造以联合国为核心的全球治理体系是各国有效应对全球性问题的根本途径。

联合国能够在全球治理中占据主导地位，取决于其所具备的四大作用：

第一，联合国作为一面镜子，反映了国际形势的变化，折射了国际格局的演变。联合国成立至今经历了几个时期：成立初期，只有51个成员国，当时联合国是美国操纵的工具；20世纪60年代开始，情况逐步发生变化，1965年成员多达118个国家，到70年代发生了质变，发展中国家成为联合国里的多数；1971年中国代表权的恢复是一个分水岭，标志着美国操纵联合国的时代一去不复返了；20世纪七八十年代，联合国折射出来的是两对矛盾的交叉，一是南北矛盾，二是东西矛盾，既对抗又对话；进入20世纪90年代，苏联解体，冷战结束，联合国进入了一个新的时期，这个时期的特点是两极争雄消失，南北矛盾缓和，联合国开始在政治、安全、经济、社会、人权等各个领域全面发挥作用。

第二，联合国作为一个论坛和多边外交最活跃的舞台，反映了世界上各种各样的声音。联合国是多边外交的平台，联合国大会每年都云集了各国的元首、首脑和外长，这是任何一个国际机构都无法相比的。联合国不仅通过《联合国宪章》确立了“国家无论大小一律平等”的基本原则，而且还为弱小国家提供了通过集团外交争取发言权和决策权的平

台，增加了弱小者的谈判分量。

第三，联合国作为一个国际合作的平台，推动了国际社会的发展。二战后，联合国发挥国际合作平台作用主要体现在以下几个方面：一是完成了非殖民化的进程，使得一大批亚非拉国家取得独立并参加了联合国；二是开展了历史上最广泛、最持久的发展援助，联合国里面有三大机构专门从事援助工作，即联合国开发计划署、联合国人口基金以及联合国儿童基金；三是缓和了国际冲突，通过军控、预防外交、维和、建设和平等手段解决了一系列地区冲突，更重要的是避免了大战的发生；四是规范国际行为，确立行为准则，并通过一系列决议、宣言、行动纲领以及法律文件、公约等形式，确立战后国际社会应该共同遵行的游戏规则。

第四，联合国是国际行动合法性的象征。联合国还有一个作用是过去人们很少意识到的，就是其已成为某一国际行为是否合法的象征。这从两次伊拉克战争就能看出来，有无联合国的授权已成为判定行动合法还是非法的依据。这是任何一个国际组织都不具备的作用，也是应当坚持联合国在全球治理中发挥主导作用的根本所在。

（二）增加发展中国家的代表性和话语权

进入 21 世纪以来，面对日新月异的新形势，联合国面临着新的挑战，其在结构和功能方面都显得相对滞后。因此支持联合国与时俱进，增强其应对新威胁、新挑战的能力，推动联合国的改革是必然趋势。立足现有机构和制度；充分吸纳富国和富人的力量、资源，使其承担起帮助底层国家和人们的责任；增强秘书长权力和资源，以应对国际间的重大问题，化解国际冲突是联合国改革的基本方向。

随着新兴市场国家和发展中国家崛起，国际社会已普遍认识到这是历史的潮流，也认识到增加广大发展中国家在国际组织中的代表性和话语权势在必行。围绕“在全球治理中进一步发挥新兴市场和发展中国家作用”，2022 年 5 月，时任国务委员兼外长王毅在“金砖 +”外长对话会上指出，第一，要坚持多边主义。对前所未有的变局乱局，多边主义是新兴市场和发展中国家安身立命的保障。坚持真正的多边主义，关键是坚持共商共建共享，倡导开放包容，反对封闭排他。联合国是践行多边主义的核心机制，也是全球治理的主要平台。我们要坚定维护以联合国为核心的国际体系，反对拉帮结派搞小圈子，反对胁迫他国选边站队。要推动全球治理体系更好地反映大多数国家特别是发展中国家的正当关切和合理诉求。第二，要坚持聚焦发展。发展是我们的共同追求，也是全球治理的使命所在。当前，南北发展鸿沟不断扩大，国际发展合作动能减弱，疫情使发展中国家的处境雪上加霜。我们要推动国际社会把发展置于全球治理的优先位置，谱写共同发展的“主旋律”，奏响可持续发展的“交响乐”。第三，要坚持合作共赢。21 世纪以来，新兴市场和发展中国家群体性崛起，成为不可逆转的时代潮流。发展中国家已经占据全球经济的半壁江山，成为拉动世界经济增长的重要引擎和推动国际格局演变的新生力量，从全球治理的跟跑者，逐步转变为自觉的推动者。过去，发展中国家在反帝反殖斗争中携手开辟了独立发展的新纪元。今天，我们要齐心协力完善全球治理，共同争取更大的发展空间。团结就是力量。要秉持团结互助的精神，依托 77 国集团、不结盟运动、上合组织、金砖国家等机制，在更大范围、更广领域、更深层次开展南南合作。要在二十国集团、世界贸易组织、国际货币基金组织、亚太经合组织等框架下加强沟通协调，提升国际话语权、议程设置权和规则制定权，推动全球治理体系向着更加公正合理的方向发展。①

第二节　全球治理的挑战与问题

全球性问题的层出不穷，使得全球治理日益紧迫，并成为影响国际

① 王毅：《加强团结合作，完善全球治理——国务委员兼外长王毅在“金砖 +”外长对话会上的讲话》，中国外交部官网，2022 年 5 月 20 日，https：//www.mfa.gov.cn/web/ziliao_674904/zyjh_674906/202205/t20220520_10690211.shtml。

社会的重要问题领域。越来越多的国家将积极参与全球治理作为本国的对外政策。但全球治理的表现并不尽如人意，大大低于人们的期盼。

一、全球治理面临的挑战

当今世界，各国的命运已紧密联系在一起，任何国家都无法独善其身。因此，全球治理的质量与各个国家休戚相关。但是，当前全球治理体系还存在诸多问题，特别是在百年未有之大变局下，全球治理面临的问题和挑战更为突出。

全球化世界不断在改变着国际关系的面貌，改变着国家间关系体系的基本结构，西方学者甚至提出用“全球政治”或“世界政治”取代传统的“国际政治”和“国际关系”概念。在此分析框架下，政治秩序、国家主权、世界经济、军事安全、外交、文化、冲突、和平的地位及其结构等均需重新确定，国际政治与国内政治的界限也变得模糊，彼此联结的环节和体系都在扩展，互动速度加快，多元化和复杂性条件下的治理，是所有国家面临的挑战。

首先，国家作为全球治理最重要的行为体，其国内政治的稳定性和连贯性决定了一国参与全球治理的行动能力。但是，当前一些国家出现的国内政治极化和内部各方相互否决正成为全球治理面临的最大挑战。这些国家按照制衡和分立原则安排国内政党、行政、立法、央地关系等。美欧等国将其作为民主政治的唯一模式向世界输出。然而，这种制度体系在越来越多的国家政治生活中，表现为党争、行政机构与议会或国会之间的相互否决、利益集团政治等。这使得一国对外政策反复性强、连贯性弱、承诺不稳定等。因此，这就导致需要各国集体行动的全球治理由于一些国家内部制度的对抗式和否决式特点，而无法采取连贯的承诺、支持和行动。①

---

① 苏长和：《大变局下的全球治理变革：挑战与前景》，《当代世界》2021 年第 7 期，第 57—61 页。

其次，全球化和信息化导致力量转移和力量分散的趋势加速发展，不仅行为体数量增多，而且一批新兴经济体崛起。行为体增多虽然有助于提升全球治理的合法性，但也导致其有效性面临挑战。另外，全球力量地缘分布发生了改变，但现有全球治理体系并未反映出这一变化。比如，金砖五国的国内生产总值全球占比在20世纪70年代约为6%，20世纪80年代末和90年代上升到8%—9%，2010年则达到18%[①]，但其在全球治理中的话语权并未得到提升。金砖国家经济规模的扩大推动其产生了改革国际经济体系的强大诉求，特别是对国际金融机构的监管和改革等。全球经济治理之争并非仅是份额等利益之争，其核心内容是理念之争，即制定一种怎样的国际经济新规则，发达国家和新兴国家之间有着不同的诉求。发达国家用人权、公平、正义等抽象原则将环境、劳工、社会权利以及和平、安全等内容统统纳入国际经济新规则中，这使得新兴国家如何才能在新一轮国际经济规则制定中维护自身的发展权利和发展空间，面临前所未有的挑战。[②]

作为一个群体，新兴力量在全球治理方面要求：一是国际关系更加民主化，提高多边机构的透明度和代表性，特别是全球治理体系应该更多地向国际组织内的发展中成员倾斜；二是更公平、更平等的全球化，使所有国家受惠。这就要求富国摒弃保护主义做法，在财政、技术等方面帮助发展中国家；三是有一个和平宽容的国际社会，让各国在没有外部干扰的情况下自主选择自己的发展道路。尊重国家主权，也尊重不同的发展模式。

最后，治理面临的新议题不断出现，而全球治理供给，即全球公共物品的提供不仅面临短缺，而且需要在合理与公平方面得到进一步提升。比如清洁能源，能源问题已超越其本身，成为一个与可持续发展相关的问题。“人人享有可持续能源”，不同国家在清洁能源的生产、利用方面

---

① 卢锋等：《“金砖五国”的合作背景和前景》，《国际政治研究》2011年第2期，第1—21页。

② 朱立群：《代序 全球治理：现状与趋势》，载朱立群等主编：《全球治理：挑战与趋势》，社会科学文献出版社2014年版，第2页。

存在严重的失衡现象，发达国家控制着新能源技术，知识产权、技术转让、贸易制度等使多数发展中国家无法有效利用清洁能源。

二、如何理解主权

虽然主权观念脱胎于威斯特伐利亚条约所建立的威斯特伐利亚体系，但是主权的概念、适用对象和范围不断发生变化①。最早的主权指帝国君主不受教会束缚、自主决定辖地内宗教形态的权利，它与欧洲中世纪的状态有继承和超越的复杂关系。近代资本主义兴盛之后，帝国主义扩张冲动在西方列强日益强烈，主权命题遂朝着保护西方国家的整体权益、保障它们在世界各地强势介入的“自主性”方向演变，于是主权有了“对内完全自主做出任何决策、对外不受任何国际律令约束”之义。这也是近代国际体系诞生至今最重要的主权界定。

二战前，只有欧洲才具有实质意义上的主权国家地位，而前殖民地和半殖民地国家或地区均未享有主权。随着二战后民族解放和民族独立运动的开展，出现了众多的主权国家，以主权国家为基础的国际体系建立起来。主权逻辑下的国际规范——自治、自决、不干涉他国内政等也在战后广泛地扩散。其中，联合国的建立以及《联合国宪章》的颁布在国际规范的扩散中扮演了不可或缺的角色。

国家主权原则包括两个方面：一是对内的最高性；二是对外的独立性。也就是国家自己决定自己事务的权力，具有排他属性和独立属性，不受外部干涉。它维护了民族国家作为一体的基本权益，保证一国一票的国际平等原则，是国家间订立协定、政府间机构组织活动的基本准绳。主权原则的实践与发展，在于它的衍变过程及未来趋势。一方面，它始终是国际关系的基石，是不可或缺的一个范畴；另一方面，它在不断充实和进化，灵活适应形势的变化。

---

① 赵可金、倪世雄：《主权制度的历史考察及其未来重构》，《教学与研究》2005 年第 10 期，第 41—49 页。

（一）有限主权

全球化的发展和全球性问题的扩散、非国家行为体的日益活跃、通信技术变革所带来的信息的快速传递，以及国际关系日益制度化，都历史性地改变着国家主权所赖以存在的社会基础。因此，诸如全球化理论、相互依存理论、世界政府论、全球治理论等，均提出弱化国家主权，强调全球问题没有国家间的合作就难以解决。人们也日益意识到，一国不能没有其他国家合作而单独地治理和解决这些问题。但要增强国家间合作，妥善解决全球性问题，首先要克服的是全球问题一体化和政治世界分裂的矛盾。国际社会逐步达成共识——为应对全球生态危机的挑战，有必要修正传统的主权观念。因此，主权限制论被广泛应用。

1968 年，英国的加内特·哈丁提出“公地悲剧”这一术语，指出对公共资源的过度使用，会导致牧场退化悲剧的发生。作为一个正常的市场经济人，当牧羊人面临增加一只羊的收入和不顾草地的承受力，承担着有可能使草地退化的风险两种选择时，许多牧羊人会选择前者。由于羊群不受限制，所以草地被过度使用，草地状况迅速恶化，悲剧就发生了。主权限制论的支持者遵循哈丁的逻辑，认为主权如果不加以限制，人类会为共同使用的水、空气、土地、河流、海洋等看似无形而免费的资源付出巨大的代价。

为了全球的共同利益，同时也是为了主权国家自身利益的最大化，主权的部分限制或让与已经是不可避免。国际组织的日益强大也削弱了国家主权的绝对排他性。主权和国家利益不能完全等同起来，放弃或出让部分主权的行为并不等于放弃或出让国家利益。主权是国家利益的一部分，可以称为主权利益。主权利益并不是在任何时候都与所有的国家利益保持一致。例如，中国要加入国际贸易组织，就得和其他成员国一样，放弃一些国内的经济决策权和经济管辖权，但这并不等于放弃国家利益。① 国际社会的持续发展，从长远来看，是以国家让渡部分国家主

---

① 阎学通：《中国国家利益分析》，天津人民出版社 1996 年版，第 217 页。

权为前提的。国际关系的正常运作要求国家主权的行使受到一定的限制。

主权限制论的基本立场是，国家在行使主权时并非完全按照自己的意愿做出决定，它还要受到国际社会公约、条约、规范、惯例和舆论的限制。一种是被动的限制，即在国际组织或国际舆论压力下进行政策调整；另一种是主动的限制，即为扩大本国的利益或维护国家间的共同利益，主动限制行使主权或将一部分主权让与国际组织。① 比如国家在开发利用本国资源时，受到的限制越来越多。当一国开发利用与他国共享的资源时，主权不允许被滥用。如界河、多国河流、国际河流因其流动性与不可隔断性，要求一国不可随意处置在本国领土范围内的部分主权，开发利用时，必须与他国协商。国家在经济发展中的污染排放日益受到限制，向国外转嫁污染也越来越困难。

（二）保护的责任

冷战结束后，掩盖在意识形态斗争之下的国家建立与国家建设问题凸显，特别是民族问题、宗教矛盾以及民主化浪潮引起的政治文化危机不断。这些问题常常以内部冲突的形式爆发出来，多数冲突最终都会演变成为人道主义危机。20 世纪 90 年代中叶，发生在非洲卢旺达和前南斯拉夫科索沃地区的种族、民族冲突，造成了严重的人道主义灾难，对人类良知产生极大震撼，也引起国际社会的沉重反思。此后，“人道主义干涉”理念开始出现，其主张为避免人道主义灾难，国际社会可干预一国的内政。一国政局和内部的不稳定，不仅会伤害本国人民，还会伤害本地区甚至整个国际社会的利益。新的时代，国际安全的保障，各国自身的稳定，乃至全球性治理的推进，都需要对传统的主权和不干涉原则做出修正，使之允许在保证当事方基本权利的前提下，由周边地区、一些重要国家和国际社会参与个别国家内部危机的解决。但如何处理“人道主义干涉”与《联合国宪章》中“不干涉内政原则”之间的冲突呢？

---

① 阎学通：《中国国家利益分析》，天津人民出版社 1996 年版，第 199 页。

2001 年 12 月，加拿大前总理克雷蒂安领导的“干预与国家主权国际委员会”发布了《保护的责任》报告。报告提出，主权不仅意味着权力，更重要的是一种责任，“主权国家有责任保护本国公民免遭可以避免的灾难——免遭大规模屠杀和强奸，免遭饥饿，但是当它们不愿意或无力这样做的时候，必须由更广泛的国际社会来承担这一责任。”[①] 加拿大代表认为，当国家不能保护其人民的时候，这种保护责任将转移为集体国际责任，而联合国则是完成这一使命的最佳实体，它应该“采取军事行动以保护无辜者”。[②]“保护的责任”提出后引起对国家主权概念的反思与探讨，尽管存在争议，但这一概念逐渐成为一种规范被国际成员所认可，并在实践中被广泛运用。

2004 年 12 月，联合国“威胁、挑战和改革问题高级别名人小组”在向秘书长提交的《一个更安全的世界：我们的共同责任》研究报告中，接受了“保护的责任”理念，强调其在法治良心的道义地位，并将其作为建设一个更安全的世界所要承担的共同责任之一。2005 年 3 月，时任联合国秘书长科菲·安南在第 59 届联大上所作的《大自由：实现人人共享的发展、安全和人权》报告，再次提出“如果国家当局不愿或不能保护本国公民，则利用外交、人道主义和其他手段保护平民的责任，就落到了国际社会的肩上；如果此种手段看来仍不够，则安全理事会可能有必要根据《联合国宪章》采取行动，包括必要时采取强制行动”。[③]

2005 年 9 月，由全世界近 200 个国家或地区的首脑参加的世界首脑会议达成的《2005 年世界首脑会议成果》，就“保护的责任”做出专项声明：“每一个国家均有责任保护其人民免遭灭绝种族、战争罪、族裔清洗和危害人类罪之害”，称“我们接受这一责任，并将据此采取行动”。同时指出，如果和平手段不足以解决问题，国际社会随时准备根

---

① 干预与国家主权国际委员会报告：《保护的责任》，2001 年。

② 加拿大代表在联合国大会 58 届会议一般性辩论上的发言，参见联合国官网，2003 年 9 月 23 日。

③ 联合国秘书长科菲·安南：《大自由：实现人人共享的发展、安全和人权》（A/59/2005），联大文件。

据《联合国宪章》，“通过安全理事会逐案处理，并酌情与相关区域组织合作，及时、果断地采取集体行动”。[①] 该会议成果是宣言性质的国际文件，其国际影响力和约束力远超前两份研究报告，反映了国际社会对“保护的责任”的共识。2009 年，联合国秘书长潘基文在第 63 届联大上作《履行保护的责任》报告，提出了“保护的责任”三大支柱：国家保护的责任、国际援助和能力建设、及时果断的反应，同时强调“现在将保护的责任的构想付诸实施的时机已经成熟”。[②]

“保护的责任”有三个内涵：一是主权观念由作为控制的主权向承担责任的主权转变；二是保护一国平民的责任由国家让渡给国际社会；三是赋予国际社会即联合国更大的权力决定国际干预。其核心价值主张在于重新界定国家主权的意涵，国家主权不仅是对内的最高统治权力，还意味着保护本国公民的责任。此外，这一概念还赋予国际社会进行人道干涉（包括军事干涉）的合理性，如果目标国家无力避免或者不愿制止人民受到严重伤害时（如种族屠杀、种族清洗等），不干涉原则要让位于国际保护责任。[③] 其本质是对传统主权与人权概念固有张力的重新思考，是在主权的重新定义过程中，对主权概念的充实。

“保护的责任”将“负责任的主权”观念视为对传统主权观念的修正，同时赋予国际社会更大的权力以纠正传统主权观念的缺失和避免人道危机的发生。“保护的责任”是国际社会在普遍道德追求下对主权的再思考，在国家拥有的绝对主权与国际社会的人道干涉之间的矛盾中寻求实现保护人权的终极目的。这些思想的提出并非挑战主权本身，而是主权的国家实践形态，也就是主权不能由国家垄断，强调国家之间的共享主权或者国家让渡部分主权。

全球治理超越了传统国际关系，以新理念应对当前世界所面临的一系列全球性挑战。全球治理需要各国合作，是一种新型多边主义的实践。对于国家而言，这既是责任又是义务。但如何更好地平衡国家利益与国

---

① 联合国大会第 60 届会议文件：《2005 年世界首脑会议成果》（A/RES/60/1），2005 年。

② 联合国秘书长潘基文：《履行保护的责任》（A/64/677），2009RH.

③ “What is R2P?” https：//www. globalr2p. org/what – is – r2p/.

际责任，则是每个国家在面对具体问题时不得不进行的权衡。

第三节　案例：2001 年美国退出《京都议定书》

美国作为世界大国，对全球气候治理负有不可推卸的责任，但 2001 年，小布什总统上台后即宣布退出《京都议定书》，这给全球气候治理蒙上了阴影。美国政党政治、利益集团等国内政治因素，均推动其更倾向于短期国家利益的追求，并在国家利益与国际责任之间的权衡中倒向了国家利益。

在经济全球化浪潮的影响下，国际社会正面对越来越多的全球性公共问题。因二氧化碳等温室气体的排放增加所导致的全球变暖是影响最深远的国际环境问题之一。对大气这种全球共有财产的破坏，威胁到全人类赖以生存的整个地球生态系统。为了增加人类对这一问题的认识并采取积极的共同行动以避免灾难性后果，国际社会在一系列业已达成的行为规范和环境规约基础上开始了旷日持久的谈判，目的在于确定一个具有法律约束力的温室气体减排目标和期限，以更有效地降低全球温室气体的排放量，尽快抑制全球气候变暖的趋势。

一、联合国就全球气候变化做出的努力

气候变化是一种典型的全球性环境问题。为了应对该问题，联合国大会一直致力于推进国家间达成共识。1990 年，联合国成立了政府间谈判委员会，委员会中来自 135 个国家的代表开始起草《联合国气候变化框架公约》（以下简称《框架公约》）。当时的欧洲共同体主张订立一个带有具体承诺的框架公约，但遭到了美国的反对。最终通过的《框架公约》只是建议附件一中所列国家温室气体的排放量到 2000 年应当恢复到 1990 年的水平，并号召各个国家自愿减排温室气体，但是没有包括任何具有约束力的减排目标、措施和时间表。这一公约于 1992 年 6 月在巴西

里约热内卢举行的联合国环境发展大会上获得通过，成为应对气候变化问题上的政府间合作、谈判的起点和基本框架，具有积极的历史意义。《框架公约》于1994年3月生效，成为历史上第一个旨在全面控制温室气体排放以应对全球气候变暖给人类经济和社会带来不利影响的国际公约。《框架公约》规定，此后每年举行一次缔约方部长级会议，讨论全球气候变化问题。

由于该《框架公约》规定的自愿减排目标不足以实现防止“危险的人为干预气候系统”这一长期目标，于是，该公约的第一次缔约方会议通过了“柏林授权”，发起了新一轮关于加强发达国家承诺的会谈，旨在达成一项具有约束力的法律文件。1997年3月，在经过内部的协调之后，欧盟环境委员会提出一种减排方案，即欧盟国家集体支持所有的工业化国家在2010年的温室气体排放水平应当低于1990年排放水平的15%。

经过激烈谈判与相互妥协后，1997年12月11日，149个国家和地区在日本京都通过了《京都议定书》，第一次将具体国家的温室气体减排目标以国际法律文件形式规定下来。由于温室气体排放涉及各国的切身利益，又具有很强的外部性，因此这一领域的国际合作从来就没有一帆风顺，经过激烈争吵而达成的《京都议定书》，后因美国、澳大利亚等国的退出而蒙上了一层阴影。

二、美国失去国际气候变化合作的控制权

美国在20世纪七八十年代曾经是多边环境治理领域的领导者，在多个国际环境协议的达成和生效过程中发挥了领导作用。美国最早在1972年的联合国斯德哥尔摩会议上发挥了领导作用，并且在此后的多边环境协议谈判和生效过程中发挥了重要的推动作用。然而，自20世纪90年代以来，美国却逐渐成为全球环境治理领域的消极参与者，它在全球气候变化领域的表现就是一个突出的例子。

美国在有关气候变化的国际谈判中态度相对消极，提出的谈判立场

过于强调自身的利益，并且阻碍了就《京都议定书》的有关具体事项达成协议。1997 年 7 月 21 日，美国国会参议院在联合国京都会议期间，以 95 票反对、0 票赞成的结果反对《京都议定书》，并通过了著名的《伯德法案》。该法案声称，任何不包括发展中国家的气候条约，是“与气候变化的全球运动的需要不一致的，因此是有缺陷的”。参议院决议还指出，“这是一个遗漏了发展中国家的条约”，并认为要求美国削减排放将对美国经济造成严重损害。

1997 年 12 月京都会议召开。参与《京都议定书》谈判的国家大体上可以分为发达国家和发展中国家两个阵营。关于《京都议定书》的国际谈判成功与否，从总体上取决于发达国家和发展中国家能否在关键问题上达成共识。但是各国之间的谈判立场相差甚远，即使发达国家之间也是如此。欧盟积极推动制定议定书，并如前述早已提出较高的减排指标，但美国、日本、加拿大、澳大利亚、新西兰等发达国家不接受。美国极力主张《京都议定书》应该运用“排放贸易”和“联合履约”等灵活机制，强调主要发展中国家自愿承诺减排温室气体，并且要启动新一轮谈判进程，以规定发展中国家参与“限制排放”。这种立场既遭到一些发达国家的反对，也遭到发展中国家的反对。同时，美国和日本竭力分化发展中国家，对 77 国集团内部的小岛国家联盟及拉美国家做了大量工作，致使发展中国家在谈判后期愈来愈难形成共同立场。这从侧面反映了美国对整个谈判进程的阻碍。

1997 年 12 月通过的《京都议定书》规定，《框架公约》附件一所列发达国家和转轨经济国家应在 2008—2012 年的承诺期内将 6 种温室气体的排放水平在其 1990 年排放水平上平均减少至少 5%。《京都议定书》没有对发展中国家提出明确的减排目标要求，也未包括自愿承诺条款，仅规定《框架公约》缔约方会议应就“排放贸易”的核查、报告和计算的相关原则、模式、规则和指南做出界定。由此可以看出，美国已经不能像对《框架公约》那样起到控制和支配作用了。

美国基于自身利益考虑拒绝接受《京都议定书》提出的减排目标，并最终于 2001 年 3 月 28 日宣布退出《京都议定书》。

三、美国退出《京都议定书》的考虑

冷战后，美国不再愿意担任全球环境治理的领导者，而更倾向于国家利益考量。

首先，美国外交政策议程的范围趋向狭窄。全球气候变化问题实际上是重大的外交政策问题，但是这些问题在美国的外交政策议程上并不具有优先地位。从老布什政府时期起，尽管众多的工业化国家都主张就气候变化问题制定具有法律约束力的减排温室气体目标和时间表，但是美国还在怀疑该问题的科学性。尽管克林顿政府努力把环境问题与美国国家安全联系起来，环境问题却从未真正进入美国的战略视野。小布什总统上台后，美国外交政策议程上最重要的事项是对于安全的威胁——既包括传统的政治军事威胁，也包括大规模杀伤性武器、恐怖主义活动等非传统的威胁。美国外交政策议程中，较之其他安全威胁，气候变化的环境问题并不在重要位置。

其次，美国国内的政治因素、多元的政治体制也深刻地影响着美国在全球环境治理中扮演的角色。美国多元的国内政治体制既能够推动美国在国际层面上发挥领导作用，也会阻碍这种作用的发挥。如美国在20世纪80年代之所以能够在保护臭氧层问题上发挥领导作用，是与美国国内有利的政治环境以及国内大公司的支持分不开的，而国会和煤炭、石油等行业的反对，使得美国难以在主张量化减排的京都进程中发挥重大的作用。

另外，美国认为它在气候变化问题上的生态脆弱性小，而减排的成本相对较高。对气候变化问题本身，美国在京都进程中强调它的科学不确定性，并作为其退出的理由之一。小布什曾强调："……现在，全球气候变化提出了一种不同的挑战，并且需要不同的战略。其科学更加复杂，答案更加不确定，并且技术也不那么发达。……如果到2012年，我们的进步是不够的，并且完善的科学证明了进一步行动的合理性，美国将采取额外的措施做出回应……。"如果意识不到或者不承认气候变化是已经存在的重大环境问题，这显然会影响美国的实际政策和行动。

经济成本高昂也是美国反对《京都议定书》的重要理由之一。小布什政府在对美国的气候变化政策进行审查后提出的一份报告声称，实现《京都议定书》的减排目标对美国经济带来的潜在成本，到2010年时占到国内生产总值的1%—2%；如果美国无法参加排放贸易，则占到4%。报告还称，如果国内生产总值削减2%，则相当于1970年石油危机造成的损失；如果国内生产总值削减4%，将使美国的经济“从强劲的增长走向衰退，对全球经济也会带来潜在的重大影响”。美国白宫环境质量委员会主席詹姆斯·L. 康诺坦警告称：“《京都议定书》会使我们的经济损失4000亿美元，并导致失去490万个工作机会，使美国人民和工人的福利面临风险。”

美国之所以退出《京都议定书》，归根结底，是因为美国仍是一个霸权国。美国具有超强的政治经济实力，能够在全球环境问题领域选择以多边还是单边的途径加以应对，以更好地确保本国的经济和主权。当美国认为本国的利益可能受到多边主义途径的威胁时，就会选择置身于这种多边进程之外。环境多边主义与其说是一种指导原则，不如说是一种权宜之计。

四、美国退出《京都议定书》的影响

美国退出《京都议定书》虽然不能从根本上左右该议定书的内容与命运，但是拖延了该议定书的生效过程和时间。由于《京都议定书》的生效条件之一是要求批准该议定书的缔约方二氧化碳排放量至少占附件一所列缔约方1990年排放总量的5%，而美国的排放量占到总量的25%，所以如果美国能够批准，则议定书的生效条件将更容易满足。此外，美国的批准还可以带动日本、俄罗斯等国批准该议定书。因为日本是美国的盟国，而俄罗斯能够从与美国的排放权交易中获得巨大的收益。所以说，如果这些温室气体的排放大国能够顺利批准《京都议定书》，则该议定书的生效时间会大大提前。然而，美国退出《京都议定书》使得整个过程变得更加复杂。首先，5%的份额在缺少美国的情况下难以实现，客观上要求更多的附件一国家加以批准，议定书生效的难度增大；其次，美国拒绝批准该议定书动摇了日本和俄罗斯的立场，使得整个批准进程更加复杂多变。

尽管美国退出《京都议定书》之后制定了很多政策，但这些政策并不是以减排温室气体、缓解气候变化为出发点。2001 年 5 月 17 日，美国的能源工作组公布了国家能源政策报告，报告提出的解决办法包括：增加石油、天然气、煤炭和电的产量；加强能源基础设施建设；鼓励节能和能源开放。此外，小布什还提出了大幅度削减三种大气污染物的行动计划和全球温室气体减排替代方案。但是，这些计划和方案并没有规定要严格减少温室气体的排放，也拒绝对电厂、汽车行业排放的二氧化碳进行限制，其效果是令人怀疑的，它只是保护了美国的利益，根本不能代替《京都议定书》。联合国气候变化论坛主席普龙克把小布什的计划称为国际减缓温室气体排放努力的“灾难性发展”。

美国是国际气候谈判中的关键行为体。无论从美国造成全球气候变化问题的责任来说，还是从美国应对全球气候变化问题的能力来看，它都是一个环境大国。20 世纪七八十年代，美国曾经在全球环境治理中发挥了领导作用，并且对当时国际环境机制的创建产生了积极的影响。但是，美国的霸权国身份使它既可能推动和领导国际环境合作，也可能阻碍和拖延国际环境合作，正如在气候变化领域表现的那样。美国虽然不能运用军事力量迫使其他国家接受其立场，但是它可以根据对自身利益和战略的考虑，选择或者抛弃多边主义的途径，转而运用单边主义手段，甚至行使否决权，充当了国际环境合作的阻碍者。

本章小结

全球性挑战变得日益严重，比如，气候变化、环境污染、能源短缺、债务危机、核扩散、国际恐怖主义，等等，其作用范围及后果均是超国界的，其生成也不仅仅是社会制度或意识形态因素所能解释。解决这些问题需要全球的努力。但是各国在全球治理体系中不平等的地位制约着全球治理目标的实现。全球治理关乎全球正义分配这一核心命题，全球治理的目的是寻求建立一个更加公正的世界。唯有以国际机制为基础，以参与、谈判与合作为方式，建立更公平公正的国际秩序，才能更好地推进全球治理的实践不断在曲折中前进。

思考题

一、名词解释

治理　全球治理　主权　保护的责任

二、简答题

1. 全球治理面临的挑战与问题是什么？
2. 全球治理中如何处理“不干涉内政”原则？

三、论述题

请结合全球治理概念论述国家在参与全球治理中的行为逻辑。

参考文献

阎学通：《中国国家利益分析》，天津人民出版社1996年版。

蔡拓、杨雪冬、吴志成主编：《全球治理概论》，北京大学出版社2016年版。

朱立群等主编：《全球治理：挑战与趋势》，社会科学文献出版社2014年版。

王义桅：《超越均势：全球治理与大国合作》，上海三联书店2008年版。

［美］奥兰·扬著，陈玉刚等译：《世界事务中的治理》，上海人民出版社2007年版。

［瑞典］英瓦尔·卡尔松、［圭］什里达特·兰法尔主编，赵仲强、李正凌译：《天涯成比邻——全球治理委员会的报告》，中国对外翻译出版公司1995年版。

［美］詹姆斯·罗西瑙主编，张胜军等译：《没有政府的治理：世界政治中的秩序与变革》，江西人民出版社2001年版。

［美］约瑟夫·奈、［美］约翰·唐纳胡主编，王勇等译：《全球化世界的治理：世界政治中的秩序与变革》，世界知识出版社 2003 年版。

薄燕：《国际谈判与国内政治：美国与〈京都议定书〉谈判的实例》，上海三联书店 2007 年版。

薄燕：《“京都进程”的领导者：为什么是欧盟不是美国?》，《国际论坛》2008 年第 5 期。

薄燕：《环境治理中的国际组织：权威性及其来源——以联合国环境规划署为例》，《欧洲研究》2007 年第 1 期。

薄燕、高翔：《原则与规则：全球气候变化治理机制的变迁》，《世界经济与政治》2014 年第 2 期。

俞可平：《全球治理引论》，《马克思主义与现实》2002 年第 1 期。

蔡拓：《全球治理的中国视角与实践》，《中国社会科学》2004 年第 1 期。

秦亚青：《全球治理失灵与秩序理念的重建》，《世界经济与政治》2013 年第 4 期。

苏长和：《大变局下的全球治理变革：挑战与前景》，《当代世界》2021 年第 7 期。

赵可金、倪世雄：《主权制度的历史考察及其未来重构》，《教学与研究》2005 年第 10 期。

卢锋等：《“金砖五国”的合作背景和前景》，《国际政治研究》2011 年第 2 期。

［美］托马斯·卡罗瑟斯著，薄燕译：《市民社会》，《国外社会科学文摘》2000 年第 7 期。

［瑞士］彼埃尔·德·塞纳克伦斯著，冯炳昆译：《治理与国际调节机制的危机》，《国际社会科学杂志》1999 年第 1 期。

第五章／利与权：海外利益保护

随着全球化发展和经济相互依赖，各国的国家利益突破了传统的地理界限向全球扩展。经济、政治、文化等的不断跨国融合也使得国家利益的实现越来越受到外部因素的影响。一国越迅速融入世界，海外利益在其国家利益结构中的地位和分量也会越迅速上升。各国政府对海外利益的认识也逐渐从局限于经济利益上升为国家核心利益。海外利益已成为国家利益不可分割的重要部分，并纳入了国家总体战略的视野。

第一节　海外利益及其属性

海外利益是全球化的产物，并随着全球化的进程不断发展和变化。从历史上看，海外利益问题源自海外商业拓展。随着一战、二战的爆发，特别是冷战后全球化浪潮的兴起加速了人员、物资、项目等的跨国性流动和互动，国内利益国际化和国际利益国内化趋势日益加强。

一、什么是海外利益

随着国家与国际体系的互动日益密切，与外部世界的联系日益加强，不仅政府，国内的次国家行为体，包括公民的国际活动空间都得到前所未有的拓展。海外利益是全球化时代任何国家都拥有的一项权益。海外利益与过去的殖民利益说、生存空间说、利益均沾说不可等同，它是经济全球化的结果，这种利益形态是受到国际法保护的。[①]

海外利益，是一国政府、企业、社会组织和公民通过全球联系产生的、在其主权管辖范围以外存在的、主要以国际合约形式表现出来的国家利益。国家通过全球联系产生的那些在主权管辖范围之外的海外利益，包括本国公民、法人在海外的人身和财产安全以及保护本国对外投资合约的执行等。海外利益是国家利益的延展，国家利益的概念是海外利益的逻辑起点。这个概念包含三部分内容：

（一）行为主体的全球性联系

政府、企业、社会组织和公民的国际活动空间极大拓展。随着全球性联系的不断增强，政府机构需要进行全球和跨国协调。越来越多的政府行政机构为了顺应国际合作，下设了与国际组织对口的职能机构，为了解决全球性公共问题，增设了便于各国跨部门合作的国际协调机构。外国跨国公司在本国的投资和贸易以及本国企业海外投资贸易，使该国与外部世界以国际合约形式表现出来的利益紧密联系。越来越多的民间社团（尤其是环保、公共卫生、科学组织等）开始走出国门，成为全球社团网络中的一员。日益壮大的中产阶层，其消费、旅游、观念以及国际主义价值取向，都构成了一国在发展中与全球联系的重要纽带。

随着国家加入越来越多的国际制度，并以国内立法形式确保了对国际制度的承诺和遵守，国家与外部世界的联系亦日益制度化。一方面，通过国内立法，国际规范和规则在一国国内得到内化；另一方面，随着国家的全球联系范围不断扩大，海外利益更多地通过国际合约形式体现出来，并得到国际合约的保护。

（二）在一国主权管辖范围以外存在

国家利益既存在于一国主权管辖范围之内，也存在于一国主权管辖

① 苏长和：《中国海外利益管理的新视角》，《探索与争鸣》2011年第8期，第37—42页。

范围之外。在全球经济相互依赖状态下，无论国家大小，都拥有存在于主权管辖范围以外的国家利益。对具有地区和全球影响力的大国来说，海外利益则更加突出、更加重要。存在于主权管辖范围以外的国家利益包括两部分：一是存在于其他主权国家管辖范围内的利益，如金融和非金融类投资、企业股份、外交官及本国公民因旅游、商务等需求而在当地产生的人权（人身和财产安全）保护问题等。二是国家在公海、外太空、极地等场所从事合法的科学探索或经济活动所存在的利益。如悬挂本国国旗的商船在公海航行，其利益可能会受到海盗袭击的威胁；一国在公海进行科学考察，但是受到敌对国家或其他行为主体侵扰和破坏等。前一种利益受到当地国法律的承认和保护，后一种利益则受到国际法保护。

（三）以国际合约形式表现出来

海外利益主要是通过国际合约形式表现出来的国家在海外的利益。强调国家海外利益的国际合约属性，目的在于突出海外利益的合法性和正当性，以便于国家通过多边国际合作对海外利益进行管理。因此，海外利益存在的前提，是合乎所在国法律或国际法，这是开展国际合作的基础。历史上，强权国家通过威胁、战争等手段改变他国意志，胁迫弱国签订不平等条约，以扩大其在弱小国家的利益存在。尽管也以合约形式表现出来，但它违背了自愿、平等、谈判、同意等合约精神，因此，不属于正当的海外利益。

以国际合约形式表现出来的海外利益极为广泛：存在于境外的受到国际公约保护的外交官和驻外机构财产；涉外海外公民人身和财产安全方面的人权；国家拥有的外国政府国债；在海外拥有具备合约法律竞争力的巨大商品市场和原料基地；对外投资迅速增长而在海外拥有的企业股份和合约项目等；在公海、外太空、极地等开展的符合相关国际法的科学考察或者商业利用项目，等等。

综上，尽管基于国家实力水平和国内经济、政治与社会发展的不同，各国对于本国海外利益的界定存在差异，但各国都普遍认同保障海外公民、驻外机构与组织等的安全与合法权益是最基本的海外利益。海外公民（包括法人）的安全在海外利益中处于重要位置。为公民提供保护，使其免受各种不法侵害并在其合法权益受到威胁时提供帮助，是政府不容推辞的责任。所以在各国有关国家战略、国家利益或海外利益的表述中，公民包括海外公民的安全总是处于最重要位置。领事保护是国际法的一个特殊制度，也是国家间关系的一项重要内容。另外，随着不可逆转的全球化时代的到来，促进并保护对外贸易与投资，通过国际经济活动推动本国发展，也成为越来越多的国家努力追求的海外利益。当然，对于大国而言，塑造对本国有利的国际制度、国际秩序并谋求其主导权，也构成了其所维护或竞逐的海外利益。

二、海外利益的属性

从以上海外利益的概念和内容来看，海外利益除了其首要特征——海外属性，即海外利益是存在于传统主权界限之外的利益外，还具有以下几个属性：

（一）共享性、互补性和共存性

海外利益产生于交换，而不是单向的占有。在全球化时代，各国海外利益存在共享性、互补性和共存性。一个国家，如果不能保护好别国在其境内的合法海外利益，那么它也很难要求其海外利益受到相关国国内法律的保护。比如知识产权，知识产权在创新型国家占有显要地位，只有保护知识产权，才能保证创新的动力和活力，而保护外国企业在本国的知识产权海外利益，其实也是保护本国企业将来在海外的知识产权利益。一些国家出于地方保护主义等原因对外国企业知识产权保护执法不力，损害了他国海外利益的同时，其实也是在破坏未来本国知识产权利益。因为随着自身产业结构不断升级，自主创新能力不断提升，知识产权也会成为本国海外利益的重要部分，同样也会遭遇其他国家侵犯本国知识产权的事件。因此，对于具有共享、互补和共存性的海外利益，应当持一种开放的态度，强化国内保障和国际合作意识，不断培育和扩大与其他国家间的利益，不能被短期利益所左右。

其实，国际交换和国际合作正是基于海外利益的这一属性。如果一国不能正确理解和认识海外利益的共享、互补和共存性，那么就会将外国在本国存在的海外利益视为是对本国主权的侵犯和控制，或被认为是出卖国家主权。按照这种观点，国家将无法开展国际合作，也无法向外拓展自身利益。

（二）合约属性

国际社会形成的各种制度界定了各国海外利益的范围、实现手段和保护程序，所以，海外利益的合约属性是通过国际制度表现出来的。现有大部分国际制度是由西方国家在其外交实践中形成的，这些制度一方面对维护世界秩序有一定的意义，但是，另一方面在制度安排、问题的选择性解决、利益分配方向、议程设置方式、代表性范围、监管和执行能力等方面，并不符合世界大部分国家的期待。所以，不合理的国际制度成为新兴国家海外利益维护的结构性障碍，甚至损害到这些国家的海外利益。因此，加强国际制度建设，对海外利益维护至关重要。

基于海外利益的合约属性，一国特别是新兴国家可以从以下方面进行海外利益的保护：在那些尚没有完成建制的新兴问题领域（如网络、太空、极地、深海、人工智能等）主动介入，参与制度建设进程；还可以通过提升本国相关部门和从业人员的能力，提高在国际制度中的影响权重，加强本国议程设置、程序运用和集体行动动员能力；抓住当前国际制度调整的机遇，利用国际组织改革或重组（如联合国改革、区域及次地区机制的重构等）的机会，参与国际立法立规，推动不合理国际制度的转制和改制工作；注重供应与国家财政能力相符合的地区和全球公共产品，包括增强对国际组织的财政贡献，官方对外援助，维护和平和处理其他全球公共问题等。

（三）主权属性

海外利益的主权属性，有其特殊性。

一是海外利益属于国家利益的一部分，国家拥有处置、管理海外利益的主权，但是拥有这种主权并不意味着国家具有绝对行动自由，它需要在国际法适用的限制范围内进行，否则，各国以自己的判断不受限制地各行其是，就会造成国际秩序的混乱。海外利益实际上是“境外的国家利益”，是国家利益的海外延伸，是国家利益的组成部分。

二是各国海外利益的维护促使国家主权多了合作、共容的成分，少了排他和竞争的成分。如，在维护海外利益的多边安全合作中，各国行动自由的主权是被部分地分享的，通过集体机构共同行使主权。对于具有全球影响力的世界性大国而言，由于其经济、政治等多方面的利益和影响遍及全球，其对海外利益的追求必然也是全方位、立体化的。大国为维护这种无处不在的海外利益，所采取的手段也不再局限于个案式的方法，而是强调对国际体系、国际制度、国际规范的塑造、引导与维护。①

各国的国家实力、国际化程度和对国际事务参与的深度和广度不同，所以对于海外利益的界定与认识存在差异。随着中国不断融入世界，对于海外利益的认识也逐步提升。2004 年，胡锦涛在第十次驻外使节会议上指出，“要增强外交工作的创造性、主动性、进取性，维护和拓展中国国家利益”，“要增强中国海外利益保护能力，完善相关法律法规，健全预警和快速反应机制，改进工作作风，满腔热情地为在国外的中国公民和法人服务”。② 2004 年，中国把尊重和保障人权的条款写入了宪法。因此，在领事保护和外交保护上，中国如何规范自身以与国际接轨，更好地维护中国人的人权，是一个事关中国国际形象的重要问题。随着以

① 汪段泳：《海外利益实现与保护的国家差异——一项文献综述》，《国际观察》2009 年第 2 期，第 29—37 页。

② 《第十次驻外使节会议在京举行》，光明日报网，2004 年 8 月 30 日，https://www.gmw.cn/01gmrb/2004－08/30/content_89708.htm。

人为本、执政为民的执政理念的确立和巩固，海外利益保护也逐渐成为党和国家的重大战略关注议题。2014 年 11 月 29 日，习近平在出席中央外事工作会议时，强调“要切实维护中国海外利益，不断提高保障能力和水平，加强保护力度”①。

第二节　海外利益保护措施及挑战

海外利益的实现和维护方式及程度不仅关系一国的对外关系，也涉及国内稳定和公民福利。对于海外利益概念和属性的清晰认识，是国家有效开展海外利益保护的前提和基础。海外利益的海外属性也使得各国在海外利益保护的实践中会遇到有关主权和不干涉内政等的挑战。

一、途径与手段

尽管不同国家对国家利益、国际定位认识不同，对海外利益界定存在差异，但国家在海外利益保护的途径与手段上则具有以下共性：

（一）国际法赋予的外交工具

早在 18 世纪，瑞士法学家、外交家瓦泰尔就在其经典著作——《国际法即自然法的原则》中提出，一国政府在本国海外公民的合法权益受到不公正待遇时，理应行使给予保护的责任。这种责任观念一直被后来的国际法惯例所坚持。在当代国际关系中，一国以外交行动和其他和平方式对本国自然人和法人提供外交保护，是被联合国文件所肯定的符合国际法的权力。② 领事保护不仅是一项国家权利，也是一项个人权利。

---

① 《习近平出席中央外事工作会议并发表重要讲话》，新华网，2014 年 11 月 29 日，http：//www. xinhuanet. com/politics/2014 －11/29/c_1113457723. htm。

② International Law Commission of Forty – ninth Session General Assembly of U. N. Diplomatic Protection：Report of the Working Group，A/CN. 4/L. 537. Geneva. 1997.

对外，领事保护属于国家权利，展示着本国与国际社会的互动关系；对内，领事保护属于个人权利，反映出国家与公民之间的互动关系。因此，领事保护融合了一国内政与外交。基于外交是内政的延续，所以，领事保护从根本上而言，主要是一个内政问题，反映出国家与公民之间的互动关系，体现出一个国家的主权责任。保护本国公民及法人在国外的正当权益，已成为当今世界各国外交和领事机构的重要职责。因此，各国的外交部门通常也都把对海外公民的保护作为自己最重要的工作内容，或将海外公民的安全和提供必要帮助纳入国家战略目标，作为需要保卫的最重要的国家利益之一。

在实践中，对海外公民实施保护并不仅仅只是应对诸如恐怖主义威胁或无政府状态下的侵害，主要的工作内容更多是日常性、民事性的。比如，向因疾病、法律纠纷遭遇麻烦的海外公民提供及时帮助等。随着领事保护制度的不断完善，外交服务的特点更加突出全程服务，即不仅是在出境后，而且延伸到出境前就对公民提供预警信息和出境指导，如提醒公民警惕当地极端气候变化、社会动荡、疾病流行，或签证政策变化等，及时提醒公民调整出境计划，对出境公民进行规避冲突、自我保护、寻求领事保护等方面的教育。各国外交部一般都设有领事保护机构，有些国家还在境外部署了快速反应小组，以便在危机发生时提供支持。

（二）运用国际制度工具

国际社会中的国家间互动是信息高度不对称的过程，国际制度通过建立明确的行为规范，减少对预期的不确定性，能够有效降低国家间博弈的成本。在相互依赖不断增强的世界中，越来越多的领域需要通过国际组织提供的平台促进各国间的合作。国际组织不仅提供了解决问题进行谈判的载体，而且对于“增加信任以及使国家在现存规范和规则协议的限制下进行活动是非常重要的”①。冷战后，越来越多的国家加入国际

---

① Robert O. Keohane, *After Hegemony*: *Cooperation and Discord in the World Political Economy*, Princeton: Princeton University Press, 1984, p. 66.

组织，国际制度对于国家政策和行为的影响越来越大。

被普遍接受的国际制度具有明显的公共产品性质，其外部性对参与其中的国家的收益有直接作用。特别是由全球性联系增多而产生的海外利益，与国际机制更是有着密不可分的联系。这不仅体现在存在于海外的这部分利益需要借助于国际组织和机制这一平台进行沟通和协调，而且国际机制本身所形成的规范和观念就是国家，特别是大国的海外利益。也就是说，对国际制度、国际规范的理解，不限于器物层面的国际组织，还包括结构意义上的国际体系，以及观念层面的国际认同等。英国政府2006年《打击国际恐怖主义》报告指出："反恐需要国际组织的合作，如欧盟和联合国"，此外，"英国政府相信对国际法和人权标准的尊重是反恐行动成功不可分割的一部分。在国际上设法改善各国政府治理和提高人权水平是打击恐怖主义和极端主义努力的关键因素"。[①]"9·11"事件之后，美国一直鼓励中亚各国成为"国际社会负责任的成员"，支持它们参与欧安组织、北约和其他西方主导的国际组织。美国政府强调，把这些国家拉进国际社会，可使它们遵从负责任的安全和其他政策，以阻止仇外情绪、激进主义和反西方主义等威胁和平与稳定的情绪的增长，这些都直接有利于美国国家利益。[②]

因此，各国强调对国际事务的积极参与和国家影响力的高效率发挥。特别是对于具有全球影响力的世界性大国，由于其利益遍及全球，其对海外利益的追求必然也是全方位的。大国为维护这种无处不在的海外利益，更加强调对国际体系、国际制度、国际规范的塑造、引导与维护。

（三）承担和履行必要的国际责任

为了换取海外利益的实现，国家有必要承担和履行必要的国际责任。特别是一些大国，争取盟友，扩大海外利益的手段绝不仅仅是推行国际

---

① U. K. Government. *Countering International Terrorism: The United Kingdom's Strategy*. TSO. 2006.

② Jim Nicho. "Central Asia: Regional Developments and Implications for U. S. Interests," *CRS Issue Brief for Congress*, Order Code: IB93108. December 1, 2005.

规范、输出价值观，同时也使用更为实惠的手段，如大力给予各种物质援助等。在国际关系中，即便是一个小型的多国体系，作为领袖国家也需要向整个体系和其他成员国提供公共产品和物质支持，以维持其领导力和影响力。因此，国家承担国际责任的差异某种程度上也体现出国家海外利益的差异。

在承担国际责任中，提供对外援助是最常见的实现与保护海外利益的手段。克林顿政府就曾声称，对外援助有助于支持美国的海外利益，使美国在全球范围内获得对受援国家的影响力，这些国家因而会支持美国的外交政策目标。① 通过对外援助，援助国鼓励和影响受援国不断建立自由市场经济制度和民主法制政体，促进其行为与援助国塑造的国际规范相一致，最终使援助国在该国和地区的经济和安全利益得以实现和维护。援助国在换取上述利益的同时，通过人道主义援助和改善民众卫生、教育水平的发展援助，也易于赢得当地民众的好感，从而更好地为援助国公民和企业在当地活动创造良好环境。总而言之，援助国通过对外援助，获得政治上的支持、经济上的回报、安全上的保障，均是其海外利益的实现。

（四）军事手段是坚强后盾

既然安全是国家利益最重要、最基本的目标，在诸多保护手段中，最为有力的非军事手段莫数。在海外利益保护中，即使如波兰这样的地区性国家，为应对各种对其国家和公民安全的威胁，也提出军队应该具有海外行动的能力，包括直接向海外派兵提供保护。对于海外利益更加复杂多元的大国而言，军事手段更是不可缺少的。英国《2007 年度政府改革报告》把国防部的工作和军事开支视为维护其全球利益的重要支柱。事实上，无论何种海外利益，其实现与保护都需要强有力的军事手段作为最后的保障。对于海外经济利益，海外军事力量的存在对当地投

---

① Bryan T. Johnson. “Foreign Aid Wins Few Friends at the United Nations,” *Heritage Foundation* FYI #101. May 13, 1996.

资和商人而言更是起到了“隐形保险”的作用。[①]《纽约时报》专栏作家托马斯·弗里德曼曾写到：“离开了看不见的拳头，市场那只看不见的手就不会起作用了。看不见的拳头可以使美国硅谷技术得以发挥作用的世界更加安全，而这只拳头就是美国军队。”[②] 时任美国国务卿奥尔布赖特在其提交给美国国会的文件中明确指出，作为全球性大国，美国应使用军事力量保卫和推进其在世界各地的利益和外交政策。[③] 对于美国，维持强大军事力量与其承担世界领袖的责任密不可分。

由于大国海外利益遍及全球，面临威胁的复杂和严重程度有时是很难用非军事手段解决的，或即使可解决也需付出极大成本。因此，在某些情况下，军事手段的有条件使用，不仅能够以相对较低代价解决危机，而且其产生的威慑作用常常可以抑制更多威胁的出现。可以说，采用军事手段保卫海外利益的必要性与可能性，与国家实力和外交成熟是互为表里的关系。对大国而言，尤其如此。

二、海外利益保护的挑战

主权管辖之外的海外利益易受到以下因素的威胁：国际体系出现体系性战争；利益所在国卷入战争状态；一国出现国家失败，纲纪崩溃，陷入无政府混乱状态；政权出现更迭，政府立场出现一百八十度转弯；以社会行为（如种族主义、民粹主义等）表现出来的针对性有组织犯罪和暴力侵害；国际公共活动空间或国家间司法合作模糊地带广泛存在的国际有组织犯罪。如何避免上述威胁的出现？如何在威胁出现时及时有效地对海外利益实施保护？国家在海外利益保护中不可避免地面临如何理解国家主权、如何处理“不干涉内政”原则等问题。

---

① Mark Falcoff. “Panama, the Canal, and U. S. Interests,” Testimony before Senate Foreign Relations Committee (Washington). Publication Date: June 16, 1998. Posted: January 1, 2000.

② Thomas L. Friedman. “A Manifesto for the Fast World,” *New York Times*, March 28, 1999.

③ Madeleine K Albright. “Advancing American Interests Through the United Nations,” U. S. Department of State Dispatch. Washington: Feb. 20, 1995. Vol. 6, Iss. 8.

（一）海外利益与国家主权

在全球相互依赖状态下，各国海外利益很大部分是重叠共存的。这部分利益很难通过单方的国内集体决策实施管理，更多时候是置于多边集体决策机构下管理。因此，这需要各国在同意的前提下，将相关行政主权部分转移到更高的多边集体行动组织。因此，主权边界日益模糊，绝对自主的传统主权观已难以自圆其说。随着全球性问题的不断衍生，侵害各国海外利益的现象层出不穷，政府间沟通协调和跨国行政管理日益重要。各国在多边集体行动组织中部分分享行政主权，以促进国际合作，已成为一种趋势。这不是主权的被侵蚀，而是国家主权活动范围的延伸和扩大。

如何妥善协调和处理两个国家之间的主权冲突，一直是领事保护制度设计中不可回避的任务。主权概念源于欧洲，是国际法和国际关系建构的核心和基础，是维系威斯特伐利亚体系的主要支柱。但 2001 年联合国的一份《保护的责任》报告，将国际社会对国家主权的关注重点从权利层面转向责任层面。即主权意味着双重的责任：对外是尊重别国的主权，对内是尊重所有人的尊严和基本权利。强调责任是主权概念中的固有义务。国家主权原则必须平衡好国家的权利与人民的权利，平衡好国家的利益与全球友邻的利益。领事保护作为一个协调个人与国家之间关系的重要窗口，将会从主权的责任解读中重新得到启示。对海外公民和法人权益进行保护，对于国家而言，既是权利和权力，也是义务和责任。

因而，国家对海外利益的保护必须树立相互依赖的主权观，必须寻求通过合作而不是强制去实现，这是全球化时代海外利益保护实现的必然路径。早期西方资本主义国家，以及当代部分国家频繁以军事干涉手段插手他国事务，就是秉持“你失即我得”的零和利益观所致。海外利益由于存在于他国主权或行政管辖范围内，所以必然具有包容、互惠、共生的特点，否则难以在他国主权或行政管辖下存在与发展。所以，海外利益保护本质上也是一个国际交换过程，具有交换属性。只有有效保护了在国内存在的他国海外利益，本国海外利益才能获得他国的有效保护。这决定了海外利益的保护必须基于“你得我亦得”的均胜利益观，甚至“你得我亦得，大家得更多”的正和利益观。①

尽管各国在认识上不断扩大利益交汇点，形成观念共识，但在行动上，也就是在具体实践中，海外利益保护必然涉及到与他国利益、国际社会利益的关系问题，存在与他国主权的冲突问题，即如何处理“不干涉内政”原则。

（二）海外利益与“不干涉内政”原则

自17世纪主权国际体系形成以来，主权与“不干涉内政”原则一直是国际关系的基本原则之一。由于海外利益存在于境外，在他国主权管辖的地理范围内，在其受到威胁需要予以保护时，处理不当会落得“干涉主义”的名声。外交史上许多纠纷都是由海外利益保护方式不妥而引发的。一些强权国家在海外利益保护中更倾向并热衷于使用武力，或者改造他国社会制度，进而干涉内政。

“不干涉内政”原则，即承认各国有权自主选择政治制度和生活方式，他国不得以人权、政治制度、价值观念为由，对其内部事务进行干涉。但基于海外利益的共容性和共存性，国家有义务保护他国在其境内的合法海外利益，反之亦然。这是全球化对国家主权的限制，是国家的国际责任的重要内涵，得到国际法、国际规范的保障。因此，一国就不能利用国内公共政策（如财政政策或货币政策）损害他国在其境内的资产安全（如债券）。当这种情况出现时，权利所有国有权敦促其海外利益所在国停止这种侵害行为。这种积极介入的行为不是“干涉”内政，而是对权利所有国的合法保护。

当海外利益所在国出现对本国公民人身、财产等人权的大规模伤害现象时，当企业法人合法利益面临被没收、征管等严重侵害现象时，当在国际公共活动空间（公海、极地、外太空等）的合法权益受到国家或

① 李志永：《“走出去”与中国海外利益保护机制研究》，世界知识出版社2015年版，第84页。

非国家行为体的破坏时，面对这类可能涉及国家核心海外利益的危害行为，国家必须保留单边或集体干预或介入的权利。关键是如何在坚持“不干涉内政”原则的同时，正确认识介入的实质，制定更切合实际的、互利共赢的介入政策。

第三节　案例：2011 年中国利比亚撤侨行动

2011 年 2 月中旬以来，北非国家利比亚局势持续动荡，引起国际社会的密切关注。随着该国爆发的骚乱及流血事件的不断升级，外国侨民也开始争相逃离这片动荡之地。2 月 22 日至 3 月 5 日，中国外交部、公安部、商务部、国防部和国资委共同努力，组成工作小组远赴利比亚，将在利比亚的 35860 名中国公民全部撤出，并安全送回国内。在此次撤侨行动中，中国政府以其行动之迅速、规模之大、效率之高，赢得国际社会的广泛称颂。

随着国际移民和临时出国公民数量的大幅增加，海外公民的安全和权益问题日趋复杂，这已成为当今国际社会普遍感到头疼的难点问题之一。中国国家实力的增长，使海外利益快速扩展，走出去的中国公民数量越来越多，外交如何提供服务和保护也成为中国政府面临的挑战。

21 世纪以来，中国政府采用了更加务实、自信、灵活与成熟的外交政策，不仅在国际上积极塑造负责任的大国形象，而且在国内积极树立“外交为民”的新形象。建立有效机制保护海外中国公民的安全和利益，成为中国“外交为民”的具体体现。2004 年，中国把尊重和保障人权的条款写入了宪法。因此，在领事保护和外交保护上，中国如何规范自身以与国际接轨，更好地维护中国人的人权，是一个事关中国国际形象的重要问题。“人权才是一个国家最大的面子，一个国家能把人权维护好，国家就有了荣誉，在国际上才有面子。”2004 年 11 月，经国务院批准，由外交部牵头，国务院 26 个相关部门参加，包括军队有关部门的境外中国公民和机构安全保护工作部际联席会议制度成立。2006 年 5 月 29 日，中国领事保护处成立，2007 年 8 月 23 日，领事保护处又升级为领事保护中心。

对海外公民实行领事保护与外交保护，是中国政府“以人为本”和“外交为民”理念的一个重要体现，有助于维护海外中国公民的权益，提高中国公民的自豪感，增强全球华侨华人的凝聚力。2011 年，利比亚撤侨的实践就是中国“以人为本”外交理念的生动写照。

一、中国利比亚撤侨的国际背景

北非地区位于亚、非、欧三大洲的交接之处，拥有极其重要的战略地理位置，区内不仅包括众多伊斯兰国家和利比亚、阿尔及利亚等世界主要产油国，而且绝大多数国家都普遍存在各类社会治理问题和复杂的种族、地域、宗教和部落关系，这些因素使本区域成为各种矛盾和冲突高度集中的热点地区。

2010 年底，突尼斯小贩因遭暴力执法愤而自焚诱发大规模示威抗议和政局波动，并不断向埃及、利比亚、阿尔及利亚、摩洛哥等北非国家扩散。2011 年 2 月 7 日，苏丹南部通过公投独立；2011 年 2 月，埃及总统穆巴拉克宣布下台，其后遭囚禁和审判；2011 年 2 月中旬开始，利比亚的示威冲突开始不断加剧，最终引发效忠卡扎菲的利比亚政府军与反对派武装间的激烈内战。北约随即以联合国安理会授权建立“禁飞区”的名义介入利比亚内战，开始对利比亚政府军实施空袭，8 月利比亚反对派武装攻入首都的黎波里，10 月卡扎菲在其家乡附近被捕身亡。

作为中东变局发源地和受冲击最为强烈的区域之一，北非地区一直处于漩涡中心，安全形势不容乐观。遭受持续性的暴力、流血和破坏，持续的动荡导致北非地区各国社会内部失序。一是政局持续动荡使社会内部失序，原有强人统治政权垮台，长期形成的政治秩序被骤然打破，社会陷入混乱；二是区域内恐怖主义势力猖獗，阿拉伯世界发生剧变后，在多年反恐战争中已遭到沉重打击的“基地”组织试图将中东变局与其宣扬的伊斯兰极端主义思想相联系，号召阿拉伯国家人民推翻世俗政权，建立以伊斯兰法为基础的原教旨神权国家；三是外部势力特别是西方国家的干涉使区域内政治生态更趋复杂化。北非地区因其在全球地缘政治中的重要战略地位，一直是世界各主要力量的“角力场”，一些西方国家更是通过干涉区域内国家的内部事务和政治进程，借以扩大在区域内的影响力，实现自身战略目标。

二、中国海外利益遭受侵害

出于资源、经济等利益考虑，中国不断加深与北非各国在经贸、能源、文教、医疗、援助等领域的交流合作，在该地区的海外利益增长迅猛。2010 年中国与苏丹贸易额达 86.3 亿美元，中国已成为苏丹第一大贸易伙伴。在能源合作方面，中国帮助苏丹建立了完整的现代化石油工业体系，使其成为中国主要石油供应国。中国的承包工程项目更是遍布北非各国。

中国在利比亚开展工程承包项目始于 20 世纪 80 年代。1993 年有 6 家中资企业在利比亚签订劳务合同，中国在利比亚承建各种项目的人员约 2900 人，其中大部分为工人。进入 21 世纪，利比亚成为中国对外承包工程业务的重要市场。2002 年，中石油、中兴和华为等中资企业在利比亚相继承揽了承包工程。2004 年，利比亚首次对 15 个石油勘探开发区块进行国际招标；2005 年 5 月，中石油在利比亚国家石油公司发布第二轮招标中首次获得一个海上区块；江阴三元钢铁公司投资 2000 万美元建设钢铁厂。2007 年，约 75 家中资企业在利比亚承揽了 50 多个工程承包项目，主要包括班加西、的黎波里及周边城镇的房屋建设项目、萨布哈南部沙漠的石油和水电设施项目等，总合同额达 188 亿美元，相关工作人员超过 3.5 万人。利比亚危机爆发前，驻利比亚的国企为 13 家，主要集中在住房、铁路、石油、通信等领域，工作人员超过 2.5 万，大多从事能源、交通和通信三大领域，工作、居住地点相对集中，侨居时间较短。此外，在利比亚也有少量的中国留学生以及侨民。

受突尼斯和埃及乱局的影响，2011 年 2 月 15 日，利比亚民众在班加西举行大规模抗议示威活动。利比亚东北部的艾季达比亚市是早期反政府抗议活动的发源地。截至2月23日，27家中资企业的工地和营地遭袭击和抢劫，工程承包业务遭受巨额损失，包括设备和资产损失、利方拖欠的工程款等。2007年，中国宁波华丰公司与利比亚政府签下金额33.54亿元的住房项目，936名中国工人驻扎在艾季达比亚市的营地。2011年2月18日，华丰公司的营地遭抢劫；同日，中国水利水电公司工地也遭袭击，50多名歹徒手持霰弹枪、冲锋枪、手雷等，向我项目部发起攻击；2月20日，中国水利水建公司384名工作人员被围困；2月21日，中国铁建十三局集团四公司遭歹徒袭击；北京宏福集团工地遭不明持枪分子抢劫；中国一冶的利比亚美丽塔项目遭袭，造成人员伤亡；中国通信服务公司在利比亚项目也被武装团伙包围。中国在利比亚公民人身和财产安全面临严重威胁。

三、中国利比亚撤侨的过程

在利比亚的中国公民和企业的安全状况急剧恶化引起中国政府的高度重视。2011年2月22日，国务院成立应急指挥部，立即启动国家涉外突发事件一级应急预案，中央军委、外交部、商务部、国资委、民航局、公安部等相关部门和有关地市、驻外使领馆以及中资企业等广泛参与，制定了海、陆、空多国多点立体协同撤离方案，全面展开撤离在利比亚的中国公民行动。由于中国在利比亚侨民达3.5万人之多，且人员分散，仅靠空中方式撤离，短时间内困难很大。中国政府首次采用“海陆空联动”和“东西南北四线”同时撤离的方式（见表5-1）。在中国应急指挥部的部署下，中国驻利比亚大使馆指挥在利比亚中国公民从陆路撤向的黎波里和班加西，在这两个城市的港口等待中国政府组织租用的海轮。24日，从希腊开出的三艘船中的二艘已抵达班加西港，每艘可运送2000多名侨民。先撤出的中国侨民驶到希腊和马耳他避险，再飞回中国。24日当晚，最早开出的二艘船已返抵希腊克里特岛。

但在利比亚其他地区的中国侨民距离的黎波里和班加西较远，在利比亚局势十分危险的情况下，尽快让大部分侨民脱离险境是上策。因此，中国政府指示侨民可从陆路紧急向利比亚与埃及、突尼斯的边境靠拢。23 日起，中国政府驻埃及和突尼斯大使馆紧急租用近百辆大客车提前在边境待命接护。

为使中国在利比亚侨民大撤离安全无误，中国政府首次调派中国军舰前往地中海警戒护航。25 日，中国国防部宣布，调派在亚丁湾护航的中国海军军舰“徐州”号导弹护卫舰通过苏伊士运河，进入地中海为运送中国侨民的船只护航。28 日，中国国防部宣布，派出 4 架军用运输机前往利比亚塞卜哈机场接运困在利比亚的侨民。至 3 月 10 日左右，中国从利比亚撤侨行动基本结束。

在国务院应急指挥部协调下，中国政府共调派 182 架次民航包机、24 架次军机、5 艘货轮、1 艘护卫舰，租用 70 架次外航包机、22 艘次外籍邮轮、1000 班次客车，海陆空联动，撤回 35860 名中国公民，协助撤出来自希腊、意大利、孟加拉国、尼泊尔等 12 个国家的 2100 名侨民。

表 5－1　利比亚撤侨海陆空路线图

方式	路线	交通工具
海路	希腊帕特雷港→班加西→希腊克里特岛	租借 4 艘外籍邮轮
	希腊雷艾佛斯港→班加西→希腊瓦莱特港	
陆路	拉斯迪杰尔（利比亚）→杰尔巴岛（突尼斯）	租用 100 辆客车
	图卜鲁格（利比亚）→萨卢姆（埃及）	
空路	北京→雅典→的黎波里	调用 20 架中国民航客机
	北京→克里特岛、瓦莱塔港、杰尔巴岛	
	乌鲁木齐地窝堡国际机场→卡拉奇机场→喀土穆机场→塞卜哈机场	4 架伊尔－76 运输机

在国务院应急指挥部的统一领导下，此次撤侨行动多部门协调行动（见表 5－2），体现了我国体制的优势。另外，大型中资企业在此次撤侨行动中也发挥了重要作用。中资企业在利比亚承建的项目遍布各地，有的项目深入沙漠腹地。而且它们在境外安全风险管控、情报收集和安保

工作方面投入较大，对风险预警和突发事件的应急处置等综合能力较强，人脉关系也具有明显优势。因此，在撤侨行动中，国企成立了应急指导小组和前方指挥部，迅速制定并实施撤离方案，建立了沟通协调机制，形成了中央、地方、驻外使领馆、企业“四位一体”的境外安保工作联动机制。

表5－2　利比亚撤侨行动中主要参与部门及职责

参与部门	主要职责
国务院应急指挥部	指挥协调机构，负责协调跨部门协作
外交部	承担撤侨行动的一线指挥职能
交通部	负责撤侨行动的海路、陆路撤离交通工具及相关保障
民航总局	协调国内各大航空公司，出动包机接回从海路、陆路撤离的中国公民
国资委和商务部	负责与在利比亚中资企业的联络、协调和组织工作
卫生部	提供应急医疗服务和卫生保障
中国气象局	监控地区天气状况，提供天气预报服务
国家测绘地理信息局	提供地理、环境等方面的技术支持
国家安全部	协助做好撤侨行动的相关情报工作和行动工作
公安部	核查中国公民信息及归国公民的入境办理工作

另外，媒体也在此次撤侨行动中发挥了重要作用。2011年2月21日，利比亚撤侨行动前，外交部领事保护中心立即成立信息文电组，及时发布从利撤侨的公民告示和热线电话电文，在央视《新闻联播》节目和新闻频道滚动播出；2011年2月22日至3月6日，外交部官方网站和中国领事服务网持续跟踪报道撤侨行动进展、政府举措和撤离人员安置情况；在利比亚撤侨行动初期，外交部利用国内权威媒体滚动发布消息，并随着事件的进展，利用官方网站和其他公共媒体不断更新信息，将政府积极合理的撤侨举措告知公众。

利比亚撤侨行动彰显新媒体的重要作用。在此次撤侨事件中，在利比亚的中国公民通过微博发出求救信息，并通过名人微博转发，迅速扩大影响范围，很快得到外交部的重视和及时回应。在新媒体时代，微博、微信等为中国公民的利益诉求提供了平台和渠道。外交部领事司积极利用新媒体平台，促进领事保护信息公开，建立“中国领事服务网”“领事直通车”“领事之声”和“外交部12308”手机应用客户端等，不断整合信息发布平台，及时发布权威领事专题信息。

本次撤侨行动中，军队作为海外安全保障的作用得到彰显。在撤离行动中，不仅中国海军军舰前往地中海为中国撤侨船只护航是历史性事件，而且4架解放军“伊尔－76”运输机也首次赴国外参与接运侨民。这引起国际舆论的广泛关注。美国《华尔街日报》认为“徐州”号导弹护卫舰参与撤侨行动表明，中国海军在本国海域以外的地区采取行动以保护本国的既得利益——包括本国企业和公民的安全——的能力日益增强。随着外部联系的增多，海外利益的拓展，海外事务和各种关切日益重要。根据危机程度派出军舰护航，及时撤出一些危难发生地的中国侨民和留学生，或者对某些严重侵害公民的突发性国际危机采取预防性打击措施等，都要求未来军事力量的介入。中国军队走向海外，是为了维护自身的正当权益，是在尊重、遵循国际法和国际惯例基础上的行动，是与国际社会及相关国家相互通气、协调和合作的正当之举。军事手段永远不能代替政治和外交的谈判，而是与其他保护手段相互辅佐，共同发挥作用。

四、中国利比亚撤侨的评价

利比亚撤侨行动取得了圆满成功，创造了中国撤侨史上的多项第一：撤侨规模最大、时间最短、距离最远、工具最多，撤离行动涉及国家和地区最多，首派军舰护航、军机接侨，外交业务量最多等。这充分体现出我国综合国力的稳步增长，国际地位和形象进一步提升，外交动员能力增强，大型重装设备增加，侨民素质进一步改善等。

但是，领事保护案件频繁出现时，“全能政府”则力不从心，海外的中资企业、海外中国公民、社会组织、华侨社团等民间力量是中国领事保护不可忽视的辅助性力量。动员社会力量参与领事保护工作，有利于解决领事保护资源相对有限、手段不足、能力建设欠缺的难题。借助民间力量构建“大领事”格局正成为中国领事保护的工作着力点。2011年利比亚撤侨行动证明，“政府主导型”领事保护实践模式具有集中力量办大事的优势，但是民间力量在维护海外中国公民的安全利益方面也起着自下而上的基础作用。民间组织如中国侨团、行业商会、乡亲会等，因发端于民间，有通过不同渠道获取信息的能力，可发挥其本土社会资源的预警作用，协助在利比亚的中国公民尽早选择商业航班、船舶等交通方式撤离。另外，民间力量在撤侨行动中也协助政府提供公共产品和公共服务，中资企业、华人商会、当地部族等分担了核实人数、联系登记、购买物资、确定安置场所等具体工作。一些社会组织，如青田同乡会、华人华侨协会等在希腊地区安排酒店、医院、客车等，积极协助政府撤侨。

外交部和中国驻外使领馆积极总结利比亚撤侨经验，有针对性地加强预防性领事保护工作，细化风险级别，将海外安全提醒涵盖到政局动荡、恐怖袭击、社会治安、意外事故、自然灾害、卫生防疫等各个方面。中国领事保护机构在抓应急、抓预防、抓改革、抓宣传安全教育的基础上，界定了领事保护的“可为”与“不可为”，完善常态化的领事保护机制，将能够更加有效地维护海外中国公民和企业的安全与合法权益。

本章小结

随着全球性联系增多和实力的增强，一国的国家利益不断向外拓展。海外利益是国家利益的重要组成部分，是与其他国家互利合作、参与全球化的成果。因此，海外利益的发展和保护，既需要和平共处的双边关系，也需要公正有效的多边国际制度，以及和谐有序的世界秩序。

思考题

一、名词解释

海外利益　全球化　“不干涉内政”原则　国际法

二、简答题

1. 简述海外利益的属性。

2. 海外利益保护的主要措施和手段有哪些?

三、论述题

请结合海外利益概念及其属性谈谈海外利益保护面临的挑战与问题。

参考文献

《国家行动：利比亚大撤离》编委会主编:《国家行动：利比亚大撤离》，人民日报出版社 2011 年版。

何建明:《国家——2011 中国外交史上的空前行动》，作家出版社 2012 年版。

李志永:《“走出去”与中国海外利益保护机制研究》，世界知识出版社 2015 年版。

苏长和:《论中国海外利益》,《世界经济与政治》2009 年第 8 期。

苏长和:《中国海外利益管理的新视角》,《探索与争鸣》2011 年第 8 期。

汪段泳:《海外利益实现与保护的国家差异——一项文献综述》，《国际观察》2009 年第 2 期。

张历历:《中国全力从利比亚大撤侨分析》,《当代世界》2011 年第 4 期。

张丹丹、孙德刚:《中国领事保护的整体思想与机制建设：以利比亚撤侨行动为例》,《国际论坛》2020 年第 3 期。

刘莲莲:《国家海外利益保护机制论析》,《世界经济与政治》2017 年第 10 期。

刘莲莲:《论国家海外利益保护机制的国际合法性：意义与路径》，《太平洋学报》2018 年第 6 期。

张曙光:《国家海外利益风险的外交管理》,《世界经济与政治》2009 年第 8 期。

李众敏:《中国海外经济利益保护战略刍论》，《世界经济与政治》2012 年第 8 期。

肖河：《“一带一路”与中国海外利益保护》，《区域与全球发展》2017年第1期。

Akira Iriye, *Global Community: The Role of International Organizations in the Making of the Contemporary World*, Berkeley, Los Angeles and London: University of California Press, 2002.

Ashley Jackson, “Empire and Beyond: The Pursuit of Overseas National Interests in the Late Twentieth Century,” *The English Historical Review*. December 2007. CXXII (499).

第六章/形与言：外交沟通

随着“和平、发展、合作”成为时代主题，全球化的迅猛发展和各国相互依存程度的提高，传统的以军事对抗、武力冲突为特征的国际关系处理方式似乎越来越难奏效。国家之间出现利益分歧或冲突时需要沟通；国家开展国际合作时也需要沟通，沟通已成为一国对外行为的重要内容。国家之间围绕国家利益展开的沟通根据不同的沟通对象，有着不同的形式和本质。外交沟通对于塑造一国的良好国家形象，形成有利的外交环境至关重要，是一种软实力的体现。

第一节　何为外交沟通

尽管国家之间围绕国家利益的沟通已构成外交的重要内容，但对于何为外交沟通，包括其内涵、外延并没有明确的界定。其与外交谈判、外交交涉、国际传播、对外交流、公共外交等概念之间有相关性，但又存在着区别。从字面上讲外交沟通，即指国家间的沟通，不少国际关系与外交学的相关著述也有所涉及，但就沟通理论而言，传播学、公共关系学等已形成了较成熟的体系。外交沟通是影响国家形象塑造、提高国际声誉和增强国际影响力的重要外交课题。对国际事务与外交事件的处理固然离不开强大的硬实力做后盾，但外交沟通的成功与否在很大程度上决定着这种力量的发挥效果，是软实力的重要体现。

一、外交沟通的概念

外交沟通是倾向于外交实践中实务性和实践性的一个问题领域，它不仅涉及国际关系和外交学，还涉及传播学、管理学等学科。外交沟通是一种特殊的沟通行为，并不是简单的上述学科的叠加。

（一）什么是沟通

管理学认为，沟通是指组织中被理解的信息而非发出的信息。[①] 也就是说，信息接收者所理解的信息也许与信息传递者想要表达的意思几乎毫无关系。但是，事实上，系统中的信息传递者不会意识到接收者的理解不同于他想传递的内容；而接收者判断信息或理解信息的倾向是传递者所无法控制的。因此，反馈对沟通至关重要，是系统的核心。只有通过反馈才能使信息传递者在新信息的基础上进行修正，使沟通不断在系统中发挥作用。也就是说，沟通应该是双向的，信息传递者和信息接收者的地位是对等的，是信息意义的共享。在管理学中，沟通被视为组织的生命线，传递组织的发展方向、期望、过程、产物和态度。[②] 正是沟通这条生命线使组织发挥功能。

沟通是一个涉及思想、信息、情感、态度或印象交流的互动过程。[③] 沟通是指行为体将各自的信息（包括消息、情感、态度、观点等）通过一定的途径传递给对方，使对方知晓、理解，并根据对方的反馈信息确定下一次信息传递的循环往复的过程。也就是说，沟通包括互通有无的交流、信息的碰撞、形成共同认知等几个部分。

沟通根据不同的划分标准，可以分为不同的类型。按所涉及的领域分，可以分为政治沟通、军事沟通、外交沟通、商业沟通、文化沟通等；

---

① ［美］查尔斯·E. 贝克著，康青等译：《管理沟通——理论与实践的交融》，中国人民大学出版社 2003 年版，第 7 页。

② 同上，第 12 页。

③ 同上，第 378 页。

按层级分，可分为人际沟通、群体沟通、组织沟通、国际沟通等；按方式分，可分为言语沟通与非言语沟通。此外，沟通还可分为直接沟通和间接沟通。直接沟通指双方直接建立联系，将自己的信息直接传递给对方，并直接接收对方的反馈，没有第三方参与，比如面对面的交谈，双方直接的电话、信件联系，广播、电视中播出的本人全文讲话、动员等都属于这一类型。需要注意的是，直接沟通有可能借助一定的媒介，但媒介只是作为工具，并没有成为沟通的行为体。而间接沟通则往往是当直接沟通不便或不能进行时，沟通一方委托双方认可的第三方将自己要传递的信息传递给另一方，而第三方实际成为了双方直接沟通的对方。这样一来，沟通一方收到的来自另一方的信息是经过第三方参与后的结果。外交中的斡旋、媒体发出的报道都属于这种情况。

对于沟通效果，一般可以分为：无效沟通、有效沟通和反作用沟通。如果把无效沟通视作是零效应的话，反作用沟通则指南辕北辙的效果。导致沟通无效，甚至产生反作用的因素有很多，比如误解、偏见等。

国际关系学科与之相关的研究有：一是对于宣传的研究，特别是一战中大规模运用宣传的行为引起学者的强烈关注，产生了《世界大战中的宣传技巧》①《宣传与说服》② 等成果。二是对于说服的研究，《国际政治中的说服——理性主义的视角》③《国际关系中的权力与说服：欧盟和美国方式的比较》④《美国的体育外交和文化外交：冷战中的说服和宣

① Harold D. Lasswell, *Propaganda Technique in World War I*, Cambridge, Mass., The MIT Press, 1971.

② Garth S. Jowett and Victoria O'Donnell, *Propaganda and Persuasion*, Thousand Oaks, London and New Delhi: Sage Publications, 2006.

③ James I. Walsh, "Persuasion in International Politics: A Rationalist Account," *Politics & Policy*, Vol. 33, No. 4, December 2005, pp. 642 – 670.

④ John B. Richardson, "Power and Persuasion in International Relations: A Comparison of EU and U. S. Approaches," *Seton Hall Journal of Diplomacy and International Relations*, Vol. 4, No. 2, Summer – fall 2003, pp. 75 – 86.

传》[①]《说服、架构和规范建构》[②] 等论著对说服沟通在规范建立、软权力属性等方面进行阐述；三是对公共外交的研究，学者通过研究一国政府如何影响另一国的公众或精英观点，以说服外国公众理解和支持自己的政策、立场和态度等。

艾伯特等从沟通的视角重新审视秩序和冲突问题，他们借鉴了国际关系中的建构主义视角，认为包括国际关系在内的所有社会体系和交换秩序，都是在沟通中建构起来的。[③]

（二）外交沟通的定义

现有外交学著作中，外交交涉与外交沟通较为相近。外交交涉指"主权国家之间，各自通过它们的外交代表机关，在双边或多边国家关系中，就利害相关或一共同关心的问题，进行磋商、讨论或谈判，从而求得适当的或为大家满意的解决办法"。[④] 外交交涉不仅包括谈判，还包括接触、陈述、讨论、要求、写作和交换彼此立场、观点等种种方式，甚至包括国家之间进行的一些日常事务上的联系与接洽。而外交沟通，即指主权国家为了维护和促进本国利益、创造有利的外部环境，直接由外交沟通行为体将本国的客观事实、立场、态度和情感等传递给他国相关主体的双向多层次过程。这些行为体包括正式代表国家的机构、人员或者受政府授权、委托的其他行为体，在某种情况下也包括一些独立于政府的社会沟通主体。

该定义中包含几个方面的内容：

首先，外交沟通主体，主要分为三大类。第一类是代表国家的个人

---

① Jerome Gygax, "US Sport and Cultural Diplomacy, Persuasion and Propaganda During the Cold War," *Relations Internationales*, No. 123, Autumn 2005, pp. 87 – 106.

② Rodger A. Payne, "Persuasion, Frames and Norm Construction," *European Journal of International Relations*, Vol. 7, No. 1, Mar 2001, pp. 37 – 61.

③ Mathias Albert, Oliver Kessler and Stephan Stetter, "On Order and Conflict: International Relations and the Communicative Turn," in Costas M. Constantinou eds., *Cultures and Politics of Global Communication*, Cambridge: Cambridge University Press, 2008, p. 43.

④ 鲁毅等：《外交学概论》，世界知识出版社 2004 年版，第 181 页。

和政府机构，个人包括国家元首、政府首脑、国家其他领导人、驻外大使等，政府机构包括外交部和其他国家机构负责对外宣传和沟通的部门，如国防部、商务部、文化部等。第二类是政府授权、委托的其他行为体，包括主流媒体、有影响力的个人（如前政要、社会名流等）等。第三类是既不属于政府，也没有受政府委托而自发行动的行为体，包括一些非政府组织、媒体、甚至网民等。随着科学技术的迅猛发展与互联网的普及，个人（尤其是“不知名的大多数”）在某种程度上通过自己的方式自觉不自觉地维护和促进国家利益，推动事态的发展。他们的活动或者为政府所推动，或者为政府所用，但只要是为了维护和促进国家利益，就属于外交沟通。

其次，外交沟通客体，也就是外交沟通的具体内容，既包括一国国内的客观事实、政策，也包括在国际关系中对双边、多边或全球问题所持的立场、态度和情感等。因此，它可以是一国的内部事务问题，表面上与其他国家并不直接相关，但却涉及到其相关利益进而会影响本国利益的问题；可以是与沟通各方直接相关，需要共同解决的外交问题，如两国交战、领土争议问题等；还可以是并不直接涉及本国，但需要本国发挥一定作用的国际问题，本国在其中可以扮演斡旋、调停或其他角色。由此看来，外交沟通的内容是广泛的，贯穿于外交活动的各个领域。

最后，外交沟通的形式多种多样，可以分为正式与非正式两大类，包括通话、会晤、谈判、新闻发布等，甚至有官方背景的研讨会、政府许可拍摄的对外节目都可以看作是外交沟通。外交沟通定义的涵盖面虽然很广，但不是任何对外活动都可以看作是外交沟通。首先，外交沟通往往是围绕某个国际热点或外交问题（事件）展开，具有明确的目标性。这和一般意义上的文化交流不同。其次，外交沟通是为国家利益服务的，沟通行为体及其行为无论是否有意识都是代表国家的。例如，学者凭学术兴趣做出的研究成果，本来与外交行为无关，但如果这个成果恰好能为国家所用，借以印证和解释国家在某一个问题上的立场和观点，那么它就成为了一种外交沟通载体。

外交沟通的本质是通过信息的交换加强主权国家间的互相了解、增信释疑，以获取对方理解、促进合作和解决问题。因此，它的主要特征一是信息交换，二是以国家作为行为体。从这个意义上讲，针对国家的宣传、说服、公共外交、战略传播、公共关系等都与之相关，都属于某种方式的信息交换，并通过这种信息交换影响他国，以达到目标，然而它们中的任何一个都无法完全涵盖外交沟通。

二、外交沟通的内涵

外交沟通作为国家间的一种重要互动过程，具有自身独特的内涵，包括类型、特点与目标等。

（一）外交沟通的类型

外交沟通的核心，是通过互动维护与促进国家利益，因此，政府作为维护与促进国家利益的第一负责主体，在整个沟通系统中起核心作用。外交沟通的客体，即沟通的具体内容，既包括一国国内的客观事实、政策，也包括在国际关系中对双边、多边或全球问题所持的立场、态度和情感等。

按沟通客体的内容和形式划分，外交沟通可以分为内政问题、外交问题和国际问题三类（如表6－1所示）。内政问题指外交沟通的客体纯属一国内部事务，外交问题指沟通客体涉及本国和他国在某个问题上的关系，而国际问题指沟通客体与本国无直接关系，是参与国际事务、促进问题解决。

表6－1　外交沟通类型

	内政	外交	国际
沟通目标	获得理解和良好舆论环境	解决争端或促进合作	推动问题解决
主要沟通形式	新闻发布、领导人个人接触等	双边、多边会谈等	多边会谈、双边接触等
沟通性质	解释说明	讨价还价	斡旋、调停

三类外交沟通在沟通目标、沟通形式和沟通性质三个方面存在区别。内政问题的外交沟通目标主要是获得别的国家对本国内政问题的理解与支持，为本国的发展与建设创造良好的舆论环境。比如，某些国家的货币汇率、发展模式、军事开支、民族宗教问题等，虽属于内政问题，但其影响可能突破了一国的范围，引起了他国、地区，甚至国际社会的广泛关注。由于是内政问题，所以一般不会与他国进行直接的谈判、协商、沟通，而往往采取新闻发布会、领导人个人接触，如首脑热线，或会谈时提及此事等形式。这类外交沟通中媒体发挥的作用也很大，沟通性质是一种解释说明。

关于外交问题的外交沟通，其目标是致力于解决国家间存在的历史遗留问题或现实问题，促进国家间合作。比如，一国与其他国家发生领土领海纠纷、边境冲突、恶性跨界犯罪等事件。这些事件发生时，一国需要与他国或国际社会进行及时沟通，以促进争端问题的解决，防止周边环境和国际关系的恶化，维护外部秩序的稳定，推进和增强国际合作。所以，这类外交沟通的形式往往采取双边或多边会谈等，其实质是一种围绕各自国家利益的讨价还价。

有关国际问题的外交沟通目标是为了推动问题的解决。这类问题一般关系到地区或全球的稳定与发展，如朝核问题、伊核问题、中东问题等。因涉及相关国家与地区长期历史积怨、安全关切，以及域外力量的干涉等因素，此类问题往往较为复杂，相关国家间常常缺乏必要的沟通意愿及途径等，所以需要其他国家的积极介入，在其中发挥调解、劝说、撮合的作用，寻求问题的解决。这类外交沟通一般采用双边接触、多边会谈的形式，性质一般是斡旋或调停，发挥桥梁作用。

（二）外交沟通的特点

1. 是一种跨文化沟通，不同的国家之间存在历史、文化、传统等方面的差异，因此跨文化沟通主体应当有文化差异的意识和认识，不能想当然地用自己的文化思维和视角去看待这种差异。外交沟通作为一种特殊的跨文化沟通，具有国家目标性，是以国家利益为导向的，由政府出面、推动或为政府所用的跨文化沟通行为，因此具有明确的目的性。

2. 外交沟通的路径表现为一个双向多层次的过程。双向指双方互为主客体，互为交换信息、立场、获取评价、反馈的对象，多层次既指存在不同层级的沟通行为体，又指不同层级的沟通互动，而且这种层级还可能是交错的。在实践中，外交沟通往往是由政府或媒体开始，然后是政府和媒体共同作用，最后扩展到政府、媒体和公众三者合力。

3. 外交沟通的对象可以是确定的，也可以是不确定的，这与外交沟通的主客体特点有关。笼统起来讲，外交沟通所面对的是国家，而国家是一个抽象的概念，只能由代表国家的行为体来进行沟通，这其中包括政府、媒体、公众等众多行为体。如果是两国的国家领导人就某个国际热点问题进行电话沟通或当面会谈，或是几个国家派代表开展外交谈判，那么沟通对象对各方而言是确定的。但如果是政府新闻发言人召开记者招待会，沟通对象就是不确定的，因为记者可能来自世界各国。他所讲的某些议题和回答的问题很可能是针对某些国家的，但这个沟通行为一旦做出，就不局限于这些国家了，也就是说，出现了潜在的沟通对象。某个主流媒体上登载的系列文章，可能被别国领导人看到并直接发挥了作用，也可能是在别国公众中引起很大反响，继而通过公众舆论引导别国外交政策的改变。

（三）外交沟通的目标

外交沟通的目标按等级由低到高可分为保持接触、增进理解、增加信任、发现或巩固共识、说服同意、同化。具体可以分为以下五个层次：

第一层目标是制造氛围，外交沟通首先需要达到引导国际主流舆论，制造有利的国际氛围的目的。有利的国际氛围包括广泛的国际同情，多数国家和有影响力的主要大国的支持，国际组织的支持与帮助，对对方国家的谴责等。有利的氛围能造成一种声势，尽管不能直接改变对方国的行为，却能起到威慑、软化等作用，因为毕竟没有哪个国家愿意被孤立。这层目标多适用于当双方直接沟通局面很难打开时，针对第三方提出的。

第二层目标是保持关系，指通过外交沟通，保持两国的外交关系及其等级，包括经贸、文化关系等，使其成为进一步沟通的基础与平台。在出现突发事件，甚至发生危机或冲突时，及时进行外交沟通，能够通过信息传递，降低因信息不对称而导致的战略误判风险。避免对双边关系造成冲击，保持关系稳定，是外交沟通的基础。

第三层目标是获取对方国的理解。理解是在了解客观事实的基础上发生的，既包括明白、懂得对方国所表达的信息，做到不误解、不曲解；又包括对这些信息背后所包含的立场、观点、因果关系等深层次内容的知晓。理解不一定达到认同，但理解是认同的基础。

第四层目标是引起对方国的态度变化，它是在第三层目标即理解的基础上达到的。通过外交沟通，对方已理解了事件发生的因果关系，对方仅停留在理解层面上，并不认同自己的观点与立场。从现实主义讲，这出于对方对利益的考虑。从文化的角度，两种截然不同的文化传统形成了不同的思维方式与认识，容易不自觉地将适用于自己国家的解决方式用于他国。如果利益冲突不可调和，仅靠沟通是很难从理解上升为态度变化。

第五层目标是使对方国的行为发生变化，具体讲就是调整对外政策，并体现为具体的外交行动。这是外交沟通的最高目标，也是国家利益的具体实现。

第二节　关于外交沟通的思考

在利益不断多元化和复杂化的背景下，国家对于通过外交沟通进行信息传递、达成共识、弥合认知差距的需求日益提升。随着国际社会的演化，国家间互动频繁，国家的认知和行为也在不断社会化，外交沟通其实也是认知建构的过程。从现实主义视角看，外交沟通又是一种软力量，是硬力量发挥作用不可或缺的保障。从实践层面看，外交沟通应遵守一定的规范，依托相关的制度，运用一定的策略，进行有效的管理。

一、认知差距

社会心理学认为，社会认知涉及个人怎样对来自他人、自己及周围环境的社会信息进行加工的复杂过程，包括社会信息的辨别、归类、采择、判断和推理等心理成分。[①] 所以，不同的个体对同一信息的认知都会产生不同的答案，包含很多的主观成分。社会认知不同于非社会认知的关键就在于认知者的切身利益对于社会认知起着决定性的导向作用。[②] 社会认知具有：社会历史性、利益导向性、主观建构性。社会历史性指社会认知的发生不是孤立的，而是受主体自身经历、背景、所处环境以及认知发生时的具体情景所制约的。利益导向性指认知主体在社会中总是具有一定的利益诉求，受各种利害关系的束缚，而这种对利益的考量将在很大程度上决定个体认知的性质、方向与侧重点。主观建构性则建立在前两个特点之上，指社会认知的形成内容是认知主体主观建构的结果。认知主体所接收到的信息固然具有客观性，但客观信息本身也包含多个侧面。主体对接收到的信息所做的选择、分类、判断、推理等活动将使信息在不同的认知主体那里形成不同的认知图像，因而具有主观建构性。

不同行为体的社会认知情况分两种：差距和共识。不同认知主体由于生活背景、价值观、利益等的不同，会对相同的事物产生不同的认知，形成认知差距；而有的认知客体所蕴含的更多普世性价值，使不同主体间的认知差距会小一些，共识会多一些。总之，不同认知主体间既存在着认知差距，也存在着共识。造成认知差距有客观上难以避免的原因，也有一些主观因素。

一是彼此的文化差异。基督教文明中“二元对立论”“非黑即白”思想与中国文化中讲究“和”的二元融合思想不同。生活在不同文化中

---

① 王沛、林崇德：《社会认知研究的基本趋向》，《心理科学》2003 年第 3 期，第 536—537 页。

② 邵志芳、高旭辰著：《社会认知》，上海人民出版社 2009 年版，第 2—3 页。

并受其潜移默化影响的人们在面临类似的问题时，往往会自觉不自觉地用自己的文化思维方式做出解释、判断，尽管在很多时候具体情况是不一样的。

二是历史传统与社会制度。不同的历史经历和社会制度，会形成不同的历史记忆与思维方式。比如，西方国家在自身发展过程中所形成的逻辑认为国家的实力增长到一定程度，必然会走上扩张的道路，这正是中国面临的各种“中国威胁论”产生的原因。而中国“以和为贵”的历史传统、思想理念，以及中国的现实政治都不会选择扩张道路。

三是出于反对、遏制或破坏对方国的目的而故意将其“妖魔化”，抑或是出于相反的目的而将其故意美化，对认识过程中接收到的信息中符合这个目的的予以强化，而弱化或忽略不符合此目的的信息，慢慢形成一种与客观事实有差距的认知，造成一种刻板印象，导致更多的认知差距出现。

认知差距的存在可能会产生很多不良后果，对国家而言造成的损失更大。一方面，认知差距的长期存在必然会形成不利于一国发展的舆论环境，影响国家形象，损害国家利益；另一方面，认知差距也会加深国家间分歧，甚至造成战略误判，爆发冲突。外交沟通其实就是使认知主体间的共识扩大的过程，是缩小或消除认知差距，发现和创造更多共识的过程。也就是说，外交沟通能够使不同国家间的共同认知部分扩大，进而使各方互相理解，产生良好感情，形成良性循环。

二、建构主义的观念

外交沟通围绕认知和共识的国家间互动，也体现出国际关系中建构主义的逻辑。建构主义并不否认客观存在的物质因素，但更强调社会意义。也就是说，客观事物本身并没有任何意义，需要通过社会施动者的实践活动和表象体系获得社会意义。[①] 最常举的一个例子就是核武器。核武器作为客观存在本来是没有意义的。而对美国而言，自己的盟友英国拥有核武器是一种帮助，而“流氓国家”朝鲜拥有就是一种威胁，也就是说核武器的社会意义通过施动者互动实践的不同发生了变化。同理，施动者的互动实践活动也能造就和确立社会事实，如主权、无政府状态都是在施动者互动实践中被建构起来的事实。需要注意的是，虽然是施动者的互动实践创造了这些事实，然而一旦被建立起来，它们就具有独立性，不再依赖互动而存在，反而成为以后互动实践的结构。这种结构既是互动实践创造的，也可以通过互动实践被改变。

从建构主义理论视角来看，外交沟通是国家双层认知建构的过程。也就是说，以国家内部的自我认知建构为基础，外交沟通就是对他者认知进行建构的过程。在对外交往时，一个国家往往被看作一个整体，但是国家作为特殊的行为体，有其内在互动模式。国家内部存在着利益集团之间、利益集团与政策制定者、政策制定者与选民之间的种种利益关系。从社会认知的利益导向性可知，国家内部不同的利益诉求将导致不同的社会认知。各种认知并存、互相碰撞，因此需要以政府为主导采取相关措施，借用相关载体（如主流媒体），形成一个较为统一的认知，即国家的自我认知。

外交沟通即以自我认知为前提，将他者认知与自我认知进行比较，对他者认知中不符合自我认知并且也不相容的地方进行建构的过程。可以说，外交沟通不断缩小或消除两层认知差距，发现和创造更多共识的过程就是双重认知的建构过程。

外交沟通改变国际认知差距的过程可以概括为：1. 一国主动释放外交信号，表达沟通意愿；2. 双方交流关于某问题各自的认知；3. 协商确立共同语境；4. 双方通过外交沟通行为展开交锋；5. 出现新的共同认知，双方认知差距缩小。外交沟通促使国家之间形成了共有认知，也就

---

① 秦亚青主编：《文化与国际社会：建构主义国际关系理论研究》，世界知识出版社 2006 年版，第 22 页。

是得到各方理解和认可的部分。共有认知最初可能是针对某个议题所达成的共同知识，依赖于具体情景和共同信念而存在。随着沟通的推进，它可能不断地内化、固化和外化，成为集体知识，影响范围超出最初的互动各方，具有深远的意义。

在国与国的交往中，可以通过外交沟通使不同国家间的共同认知部分扩大。共同认知的内容可以包括共同利益、共同感情、共同价值等。以共同利益为例，一定的共同利益存在是外交沟通的基础。同时，因为沟通是使国家相互之间更加了解、理解的过程，在这个过程中，它们之间在过去没有被对方所了解的一些实力情况、意图、计划逐渐被对方所了解，这其中就可能包含双方过去没有认识到的共同利益。而没有被双方所认识的共同利益，即使客观存在也是毫无意义的。因此，外交沟通是国家之间发现更多共同利益的过程。此外，沟通的推进也可能催生一些新的共同利益。比如随着沟通的深入，可能会扩大议题范围，而新的共同利益的产生也会推动旧问题的解决。

三、软权力与硬权力

现实主义将权力行使等同于强制力①、将权力资源解释为军事力量②的方式在解释国家对外行为中越来越显得力不从心。一方面，不具有丰富物质实力的国家在国际舞台上日益发挥重要作用，而其也并非通过施加强制力获得影响；另一方面，具有超强军事等物质实力的传统强国，越来越无法在所有领域说了算，表现出针对某些议题、问题或区域的无力感。因此，学界不断对权力的分类、来源和作用方式等进行拓展。约

---

① 达尔关于权力的经典定义为“让别人做他本不愿意做的事”，参见 Robert A. Dahl，“The Concept of Power”，*Behavioral Science*，1957，Vol. 2，No. 3，pp. 202 – 203.

② ［美］汉斯·摩根索著，徐昕、郝望、李保平译：《国家间政治：权力斗争与和平》，北京大学出版社 2012 年版，第 42 页；［美］约翰·米尔斯海默著，王义桅、唐小松译：《大国政治的悲剧》，上海人民出版社 2014 年版，第 62—77 页。

瑟夫·奈从权力的性质和实施方式出发将权力划分为硬权力和软权力[①]。根据奈的解释，软力量就是代替硬力量（包括军事力量和经济力量）发挥作用而达到相同效果的力量，即影响他人或使他人做你想让他们所做的事情。它包括规范价值、媒体、商业实践、教育等的吸引力。当软力量的作用得以发挥时，其“目标体”并不感到受威胁或被说服支持某个议程，反而感到一种认同。[②]

因此，外交沟通是一种重要的软力量。外交沟通是通过信息的传递与发挥作用影响他国以获取他国的理解、支持和合作。军事、经济等看得见、摸得着的硬手段尽管在外交沟通中起到保障作用，但这些纯粹的硬力量如果缺乏有效的外交沟通，则难以发挥作用或者起到反作用而与目标背道而驰。外交沟通作为一种软实力，其背后隐含的是文化信息，是意识形态和价值观。这在大国竞争中具有重要作用。一个不断强大的国家需要凭借文化优势的软实力弥补硬实力的不足，特别需要具备沟通的能力。

在信息传递的互动过程中，外交沟通体现出一国的外交策略和外交能力。策略和外交能力虽然不能根本性地改变权力结构或权力资源，但在自身实力处于相对弱势的情况下，有效的策略和外交行为可以改变原有的可能结果。所以，威廉·马克·哈比甚至把这种能力视为一种权力（策略权力）[③]。足可见其在维护国家利益中的重要性。

四、步骤与原则

在具体实践中，外交沟通应遵守一定的规范，依托相关的制度，运

---

① Joseph S. Nye, *Soft Power: The Means to Success in World Politics*, Public Affairs, 2004, pp. 1-11;［美］小约瑟夫·奈、［加］戴维·韦尔奇著，张小明译：《理解全球冲突与合作：理论与历史》，上海人民出版社2018年版，第56—57页。

② Alan Hunter, "Soft Power: China on the Global Stage," *Chinese Journal of International Politics*, Vol. 2, 2009, pp. 373-398.

③ William Mark Habeeb, *Power and Tactics in International Negotiation: How Weak Nations Bargain with Strong Nations*, Baltimore: Johns Hopkins University Press, 1988, p. 23.

用一定的策略，进行有效的管理。规范是指导原则，制度是硬件，策略是软件，而管理是具体的过程。所以，在制度一定的情况下，是否遵循规范，是否运用恰当的策略，并将其融入到科学的管理中，是沟通成败的关键。

（一）对外沟通规范

对外沟通规范是外交沟通的“大脑”，是解释外交沟通本质的因素，回答外交沟通“应该是什么”的规范性因素。外交沟通的基本规范包括：

1. 共同语境

共同语境即交往的双方必须拥有共同的语境，这对于交往来说至关重要，是交往双方取得理解和一致的重要条件。沟通不是要否认和改变对方所遵循的准则和价值观，而是要以共同认可的准则和价值观为基础创造共同语境。而没有共同语境，则容易陷入各说各话的无效沟通境地。

2. 共同利益

没有共同利益，沟通的意义就难以界定；而没有分歧，沟通也没有存在的必要。因此，分歧是客观存在的，外交沟通的目的不是要改变他人，而是在承认分歧的基础上争取他人理解、达成合作，实现双方共同利益。

3. 真实

真实是外交沟通中最重要的道德规范。虽然外交是一种欺骗的艺术，但作为一种沟通行为，外交沟通行为体是代表政府、国家，如不遵循真实原则，一旦被揭穿，则严重损害国家信誉和形象。

4. 双向

信息发出者与接收者的位置不断变换，有反馈，并根据反馈决定下一次信息发出的内容与形式。外交沟通中的双向原则指的是双方进行信息交换，保证信息都能有效到达对方，在交换过程中取得互相理解、互相协调，最终使双方的认知差距缩小。

（二）外交沟通制度

外交沟通制度包括外交沟通机构体系和外交沟通机制，是外交沟通的制度保障。沟通制度分政府、媒体、公共组织和公众四部分。常见的外交沟通机制有：首脑热线电话，最高层的联络在处理危机，打破僵局中，能够减少中间层，以争取时间，避免错过时机；各级别、各领域的双边和多边对话机制，如亚欧峰会、六方会谈、中日韩领导人会议等；新闻发言人制度、各类研讨会与“二轨对话”机制等；通过非官方渠道，由科研机构、智库等就重大议题进行交流对话；政府主导的定期或不定期开展的文化学术交流等；特定个人或组织为中介的沟通机制等。

（三）外交沟通策略

外交沟通策略是微观层面，是沟通“应该怎样进行”的问题。美国当代著名传播学家唐·库什曼曾说过：“当代沟通的问题，实质上是如何保证怀有分歧观点，但又需要相互依赖的人们在解决共同问题时达成合作。”[①] 外交沟通策略本质上就是人们常说的劝说。劝说并不是单向交流过程，即劝说者单方面将自己的观点、看法传递给被说服者，力求改变其态度、观点与行为，来达到自己的目的。事实上，劝说是一种双向交流过程，劝说可以产生共同知识，或者更多共同利益，只有经验丰富的资深外交家才有可能掌握好外交沟通技术，使存在分歧的行为体最终达成合作或一致。某种程度上，外交沟通策略是整个外交沟通系统工程中的软件。

（四）外交沟通管理

外交沟通管理是指将外交沟通过程进行管理，而管理的实质是通过协调、整合，使各个部分紧密配合，发挥出最大效益，而不是各自功能

---

① ［美］唐·库什曼、杜·卡恩著，宋晓亮译：《人际沟通论》，知识出版社1989年版，第10页。

的简单叠加。外交沟通管理从寻找目标依据开始，这包括对国家利益和客观环境的分析，然后确定管理目标，选择沟通方式，展开沟通、反馈和效果评估。

在具体实践中，外交沟通应遵循一定的步骤和原则。一是“第一时间原则”，及时、正确和可信地找出、确定和识别阻碍沟通目标实现的潜在障碍，及时发布消息，公布事实真相。政府应尽早发出声音，以在国际舆论中获得主动权，抢先设置议程，赢得话语生产的导向先机和定义权，否则将会有各种谣言、小道消息充斥其中，造成鱼目混珠。再进行辟谣和更正的成本将会更高，而且效果也会大打折扣。二是“功夫在平时”，外交沟通中如果有平时与他国建立起来的良好合作关系做后盾，则更容易达到沟通的目标。三是政府要重视媒体的作用，将媒体看作合作伙伴，与媒体建立良好关系。善于与媒体，尤其是外国媒体打交道，学会从媒体角度看问题，因为公众通常是通过媒体报道了解事件。外交沟通要迅速掌握尽可能多的信息，然后确定沟通目标，尽量减少或避免对国家利益的不利影响，维护国家形象，保持与外界的良好关系。

第三节　案例：2016 年雅万高铁建设的波折

雅万高铁是“一带一路”建设中，中国与印度尼西亚的合作项目，也是整个东南亚地区建成的第一条高速铁路。它从印尼首都雅加达出发，一直到第四大城市万隆结束，区间共设立 4 座车站，全长 142.3 千米。雅万高铁项目是中国与印尼共建“一带一路”的标志性工程，也是两国元首亲自推动的重要基建合作项目，备受国际社会关注。在建设过程中，关于雅万高铁的猜测层出不穷，甚至存在各种谣言。

共建“一带一路”倡议提出十周年之际，作为东南亚地区首条高速铁路项目，雅万高铁已成功完成调试，2023 年 10 月 17 日正式开通运营。雅万高铁的建设不仅充分体现了中国与印尼之间的互利、协商、共赢合作模式，有利于促进印尼经济社会发展和深化中国与印尼全面战略伙伴关系，而且也加强了中国与东南亚各国的联系，推进了东南亚铁路网的加速形成，增强了共建“一带一路”的信心。但雅万高铁项目在建设中并非一帆风顺，可谓一波三折。

一、有关雅万高铁项目的背景

21世纪以来，中国和印度尼西亚两国关系日益密切，经贸往来尤甚。2013年10月，习近平主席对印尼进行国事访问时，提出了与东盟国家一起建设“21世纪海上丝绸之路”的构想，并将中国与印尼两国关系提升为全面战略伙伴关系。2014年10月，印尼总统佐科·维多多上台，提出要把印尼打造成为“全球海洋支点”国家的战略构想，致力于发展印尼的基础设施。2014年11月，印尼总统佐科来华参加亚太经合组织会议时，体验了京津城际高铁；2015年3月，佐科总统访华，中印尼两国在北京签署了《中印尼雅加达—万隆高铁合作谅解备忘录》；同年4月，习近平主席对印尼进行回访，并出席在印尼举行的万隆会议60周年纪念活动，两国元首在雅加达签署了《关于开展雅加达—万隆高速铁路项目的框架安排》。在同时派出多个团队进行地质条件考察和设计线路等大量调研基础上，2015年8月，中国国土资源部部长徐绍史向佐科总统递交了有关中国建设运营雅万高铁的可行性研究报告；10月，中国企业联合体同印尼国有企业联合体正式签署协议，组建印尼中国高铁有限公司（KCIC），共同建设和运营雅万高铁。2016年1月，在两国政府大力推动下，雅万高铁开工奠基。

早在2008年，印尼政府有意修建雅万铁路时，自称拥有世界第一条高铁以及丰富高铁建设经验的日本就盯上了该项目，并于2011年向印尼提供了雅万高铁可行性研究方案。但2014年印尼政坛更迭，该项目因预算过高被暂时搁置。直到2015年，印尼政府才重启该项目，并开展了招标活动。中国参与了此次招标。日本为了赢得该项目，不仅邀请印尼总统赴日会谈，承诺日元贷款，而且还开出了缩短工期等更多优惠条件。但中国更加务实、高效，不仅承诺低息贷款、转让技术，工期缩短到3

年，而且提出了更优报价，最终击败日本，竞标成功。

中国高铁是中国“走出去”战略的重要载体。雅万高铁是“一带一路”建设和中国与印尼两国务实合作的标志性项目，也是中国高铁首次全系统、全要素、全产业链在海外落地，全线采用中国技术、中国标准、中国装备的综合系统性境外高铁项目。雅万高铁不仅是佐科政府的重要政绩工程，也是印尼和东南亚的第一条高铁。该项目对于拉动沿线地区经济，打造“经济增长带”将发挥重要作用，同时，也将成为“一带一路”建设的示范项目，对其他东南亚国家的基础设施合作起到带动作用。

二、雅万高铁建设中的波折

随着中国高铁总运营里程位居世界第一，并积极“走出去”，中国企业面临的贸易摩擦增多，甚至出现了将中国高铁这一经贸问题“政治化”“国际化”的现象。“政治化”是指由于对象国国内的政治、经济因素，将原本纯粹的经济问题，通过各种方式上升为两国政治、外交、政策甚至安全方面的争端。“国际化”是指在中国高铁“走出去”的过程中，当与对象国发生经贸摩擦时，有域外国家介入经贸摩擦，从而加剧了两国高铁项目的“政治化”倾向。

日本在印尼高铁项目上的竞争和影响，为中国高铁“走出去”战略的推进带来了严峻的考验。日本是传统的高铁强国，重视高铁输出与竞争，这既是出于日本经济发展，以及与中国竞争地缘影响力的需要，同时也是为了配合美国“亚太再平衡”战略，制衡中国。出于资源和战略考虑，日本长期把印尼视为东南亚的重点国家“培养”，利用政府开发援助和直接投资，在此“深耕”多年。早在2011年，日本便开始对雅万高铁项目进行可行性研究。一方面，日本认为凭借日本产品在印尼市场的口碑，新干线成功中标雅万高铁项目轻而易举，如“囊中取物”；另一方面，长期占领印尼超过90%的汽车市场的日本六大汽车厂商，担心高铁这类大型公共交通设施一旦建成，将对汽车市场产生冲击，因此日本当时决定暂缓项目。

但日本没有想到中国以“不可思议的融资方案”拿下了该项目，因而心生不满，于是在雅万高铁建设过程中，不断干扰工程进度并抹黑中国。在项目办理建设许可证的过程中，日本就曾从中阻挠。特别是从2016年高铁修建开始，就不断有各种势力挑拨滋事：鼓动工人罢工，企图拖延工程进度；炒作虚假信息，企图抹黑中国形象等。

另外，因历史因素及现实争端的影响，印尼国内存在部分对华负面认知。这些负面认知与印尼国内强烈的民族主义情绪相互影响，严重削弱了雅万高铁项目的民意基础。部分印尼人对“中国制造”存在负面认知。在印尼，日货和欧洲货被认为质量上乘，市场占有率较高，而中国货则相反。因此，他们认为高铁项目最重要的是安全，而日本产品安全系数普遍较高，中国拿下高铁项目是政治因素高于经济因素。他们认为，中方共建“一带一路”的目的也绝非“共商共议、共谋共享、共兴共荣”那么单纯。不少印尼学者和专家将“一带一路”倡议解读为“中国版的马歇尔计划”，指出中国旨在借“一带一路”倡议重塑亚洲甚至全球秩序。一些人从“中国的经济干预”视角看待中国与印尼之间的经济合作，担心印尼会成为中国在东南亚地区施加影响的工具。因此，在印尼，部分群体将共建“一带一路”与雅万高铁项目视作中国欲“重塑全球秩序”和“威胁印尼国家安全”的体现。甚至有激进的伊斯兰报刊把中国对印尼的投资行为称为“新殖民主义”或“中国式经济霸权”。

同时，印尼国内一些反佐科势力借中国问题攻击佐科政府，也给雅万高铁项目造成不利影响。比如“中国劳工潮”问题，反对派在社交媒体散播谣言称，中国利用共建“一带一路”让国内1000多万工人到印尼工作，肆意传播中国工人抢夺当地民众工作机会的虚假消息。这导致印尼进一步收紧了对中国工人进入印尼工作签证的发放，造成项目在建设过程中高级技术工人数量短缺，影响了项目的建设进度。部分群体甚至批评佐科总统掩盖其华人身份，涉嫌贪污腐败，过度“亲华”等。

2022年12月18日，日本媒体大肆报道“雅万高铁列车脱轨”，声称造成数十名中国工程技术人员伤亡，导致中国高铁的质量受到了国际社会的质疑。然而经过调查，事实是，脱轨的是一辆送货的货运列车，与在建的雅万高铁没有任何关系。当地时间12月18日下午4：30左右，在雅万高铁项目的西万隆附近，为施工送货的货运列车，在大坡道下行的过程中，出现了故障制动失灵，导致冲出路基脱轨。事故造成两名中国技术工人不幸遇难，另外两名中国技术工人受伤。但是，以日本为主的众多国际媒体张冠李戴地进行歪曲报道，导致该事件一时间在国际舆论中引发高度关注。

临近雅万高铁交付期，受外部力量煽动，印尼内部反对派频繁滋事。2023年5月初，以普华永道为首的一些评估组织就发布建议，雅万高铁在2024年1月以后才具备运营条件。在未与施工方确认的情况下，印尼反对派就对外称，雅万铁路的运营时间要推迟到2024年1月，企图通过拖延雅万高铁进度，诋毁中方工程的信誉。2023年6月9日，印尼有关部门发起对印尼中国高铁有限公司总经理、财务经理和秘书的贪污调查，声称西爪哇省卡拉望市抓获的盗窃雅万高铁材料的6名嫌犯为他们收款。但调查显示，这6名肇事者只查出了深夜在高铁铁轨上偷铜和高铁螺栓等行为。内外力量相互勾连，企图拖延工程，抹黑中国形象的虚假信息和栽赃陷害行为不断花样翻新。

三、中国的应对

面对雅万高铁建设过程中出现的种种负面认知和蓄意破坏、混淆视听，中国通过高层互访、官媒报道、大使答记者问、合资公司辟谣、学者发表文章等多种方式，不断加强外交沟通，持续不断地传递真实信息、阐明政策目标、表达合作善意等，有效化解了外部舆论危机，缩小了认知差距，为项目的顺利开展创造了有利的舆论环境。

通过讲好中国故事、阐释共建“一带一路”倡议，加强人文交流等，中国政府不断破解西方媒体的负面宣传，提升印尼国内对共建“一带一路”的认知。中国持续推进与印尼之间的人文交流，加强与印尼主流媒体的合作，增强面向印尼国内民众的公共外交工作。中国鼓励中资企业、民间团体、非政府组织等加大对印尼在教育、医疗等社会领域的援助；通过合作办会、学术交流、定期互访等方式加强与印尼学界、智库间的交流，增信释疑，逐渐扭转印尼国内有关势力对中国与印尼合作相关内容的歪曲，提升中国在印尼民众心目中的国家形象。

对于脱轨事件的歪曲报道，中国第一时间通过印尼中国高铁有限公司进行了事实调查和信息披露。事发第二天（2022 年 12 月 19 日），印尼中国高铁有限公司总经理秘书拉哈迪安即就事故发表了声明。声明称：公司与有关方面协调处理事故，公司完全支持有关当局进行的调查。12 月 20 日，印尼中国高铁有限公司总经理德威雅纳向媒体明确说明，出轨货运列车包含了内燃机车和固定发动机，所以，发生出轨的不是快速列车的部分，并表示，公司正与相关部门合作，对上述事故进行评估，并对相关事故调查提供支持，以确保雅万高铁工程的顺利进行。

12 月 21 日，中国驻印尼大使陆慷在使馆举行媒体见面会时，也谈及雅万高铁项目发生的事故问题。当记者问到"关于雅万高铁发生的事故对雅万高铁的竣工时间会不会造成影响"时，陆大使回答道："我注意到印尼政府有关部门负责人，以及中印尼合资公司的负责人已经做出公开表态。我也在这里同大家分享一下我所掌握的情况。……事故造成两名中国技术工人不幸遇难，另外两名中国技术工人受伤，不是四人。目前，事故的善后工作正在进行之中。事故发生后，中印尼合资公司和承包商联合体第一时间对伤者进行了紧急救治，也开展了抢险救援工作。……中国大使馆与印尼政府有关方面以及项目负责方中印尼合资公司一直保持密切联系。据了解，事故的原因仍在进一步调查中。根据目前为止我们所了解到的情况，发生事故的设备只是在建设期间铺轨施工使用，不是今后高铁的运营设备，也与高铁施工质量无关，不涉及高铁建成开通后的运营安全。据了解，事故现场救援工作已经接近尾声，复工复产也已在逐步有序开展中。正如印尼政府部门和雅万项目负责人所说，此次事故不会对雅万项目建设总工期造成影响。"

2023 年 5 月 22 日，中国新华网、环球网、北京日报、央视网等各大主流媒体大篇幅报道了雅万高铁开始联调联试的新闻。报道强调，这标志着雅万高铁项目建设取得新的重大进展，为全线开通运营奠定了坚实基础。同时，报道还从中国精度、中国标准、中国装备、中国基座、中国智造和中国力量等多个角度，对雅万高铁进行了全方位介绍，充分展示了中国在雅万高铁建设中的亮点。

2023 年 6 月 14 日，印尼《罗盘报》等媒体也报道了雅万高铁将于 8 月 17 日，即印尼第 78 个独立日，如期开通运营的消息。印尼中国高铁有限公司传播部经理接受采访时表示，公司正对测试过程中所获所有参数进行内部评估，“目前，综合检测列车时速已超过 220 公里，创造了印度尼西亚铁路交通的新历史”。同时，该经理还介绍称，检测列车将分阶段提速，直至达到每小时 385 千米的最高设计时速。印尼中国高铁有限公司现阶段的重要工作是与交通部铁道总局协调，办理雅万高铁的运营许可证。

雅万高铁开通后，对印尼国内的经济发展起到积极的推动作用，方便人们旅游的同时，还带动相关地区实现资源共享。除拓宽物流渠道外，该项目还带来更多的就业岗位，推动多地的协调发展，为印尼带来实实在在的益处。雅万高铁的成功建设增进了两国政府的互信，不仅为双方各领域合作、特别是基础设施和产能领域合作树立新的标杆，也让当地民众切实感受到共建“一带一路”给印尼带来的实惠，夯实了中国与印尼合作的民意基础，推动两国全面战略伙伴关系向更高层次发展。

本章小结

作为一种软力量，外交沟通是国家制定和调整对外政策，定位与发展国际关系的基础与驱动力。它可以促进对方国知晓和理解本国政策、关切、利益诉求等，进而采取对本国有利的态度和行为；可以帮助各国增信释疑、推动对历史遗留或现实问题的商讨与解决；更可以帮助一国改善国际形象、树立国际威信。沟通能力是现代国家实力的重要组成部分。

思考题

一、名词解释

沟通　外交沟通　认知差距　建构主义　软实力

二、简答题

1. 根据外交沟通的客体不同，外交沟通可以分为哪几种类型？
2. 外交沟通的目标有哪些？
3. 外交沟通应遵循哪些基本原则？
4. 在外交沟通中，造成认知差距的因素有哪些？

参考文献

[美] 查尔斯·E. 贝克著，康青等译：《管理沟通——理论与实践的交融》，中国人民大学出版社2003年版。

[美] 唐·库什曼、杜·卡恩著，宋晓亮译：《人际沟通论》，知识出版社1989年版。

[美] 约翰·米尔斯海默著，王义桅、唐小松译：《大国政治的悲剧》，上海人民出版社2014年版。

[美] 约瑟夫·奈、[加] 戴维·韦尔奇著，张小明译：《理解全球冲突与合作：理论与历史》，上海人民出版社2018年版。

邵志芳、高旭辰著：《社会认知》，上海人民出版社2009年版。

秦亚青主编：《文化与国际社会：建构主义国际关系理论研究》，世界知识出版社2006年版。

翟崑、周强、胡然主编：《“一带一路”案例实践与风险防范·政治安全篇》，海洋出版社2017年版。

王沛、林崇德：《社会认知研究的基本趋向》，《心理科学》2003年第3期。

潘玥：《中国海外高铁“政治化”问题研究——以印尼雅万高铁为例》，《当代亚太》2017年第5期。

Harold D. Lasswell, *Propaganda Technique in World War I*, Cambridge, Mass., the MIT Press, 1971.

Garth S. Jowett and Victoria O'Donnell, *Propaganda and Persuasion* (fourth edition), Thousand Oaks, London and New Delhi: Sage Publications, 2006.

William Mark Habeeb, *Power and Tactics in International Negotiation: How Weak Na-*

tions Bargain with Strong Nations, Baltimore: Johns Hopkins University Press, 1988.

Costas M. Constantinou eds. , *Cultures and Politics of Global Communication*, Cambridge: Cambridge University Press, 2008.

John B. Richardson, "Power and Persuasion in International Relations: A Comparison of EU and U. S. Approaches," *Seton Hall Journal of Diplomacy and International Relations*, Vol. 4, No. 2, Summer – fall 2003.

James I. Walsh, "Persuasion in International Politics: A Rationalist Account," *Politics & Policy*, Vol. 33, No. 4, December 2005.

Rodger A. Payne, "Persuasion, Frames and Norm Construction," *European Journal of International Relations*, Vol. 7, No. 1, Mar 2001.

参考文献

一、中文书籍

张季良：《国际关系学概论》，世界知识出版社 1989 年版。

鲁毅等主编：《外交学概论》，世界知识出版社 1997 年版。

钱其琛主编：《世界外交大辞典》下卷，世界知识出版社 2005 年版。

王沪宁：《国家主权》，人民出版社 1987 年版。

张清敏：《对外政策分析》，北京大学出版社 2019 年版。

［美］约翰·罗尔克编著，宋伟译：《世界舞台上的国际政治》，北京大学出版社 2005 年版。

［英］戈尔－布思主编，杨立义、曾寄萍、曾浩译：《萨道义外交实践指南》，上海译文出版社 1984 年版。

［美］詹姆斯·德·代元主编，秦治来译：《国际关系理论批判》，浙江人民出版社 2003 年版。

［美］斯坦利·霍夫曼：《美国社会科学：国际关系学》，载［美］詹姆斯·德·代元主编，秦治来译：《国际关系理论批判》，浙江人民出版社 2003 年版。

周弘主编：《对外援助与国际关系》，中国社会科学出版社 2002 年版。

丁韶彬：《大国对外援助——社会交换论的视角》，社会科学文献出版社 2010 年版。

宋新宁、陈岳：《国际政治经济学概论》，中国人民大学出版社 1999

年版。

金熙德：《日本政府开发援助》，社会科学文献出版社 2000 年版。

章昌裕：《国际发展援助》，对外贸易教育出版社 1993 年版。

张光：《日本对外援助政策研究》，天津人民出版社 1996 年版。

田野：《国际关系中的制度选择：一种交易成本的视角》，上海人民出版社 2006 年版。

[美] 保罗 · 肯尼迪著，时殷弘译：《战略与和平的大战略》，世界知识出版社 2005 年版。

[美] 罗伯特 · 沃尔特斯著，陈源、范坝译：《美苏援助对比分析》，商务印书馆 1974 年版。

[美] 威廉 · 奥尔森等编，王沿等译：《国际关系的理论与实践》，中国社会科学出版社 1987 年版。

[南非] 伊恩 · 格尔丁、[美] 肯尼斯 · 瑞尼特著，张蓝予、王林译：《全球化与发展问题研究——贸易、金融、援助、移民和政策》，经济科学出版社 2008 年版。

[美] 霍华德 · 维亚尔达著，刘青等译：《新兴国家的政治发展——第三世界还存在吗?》，北京大学出版社 2005 年版。

国务院新闻办公室：《中国的对外援助》，人民出版社 2011 年版。

吴建民：《外交案例 II》，中国人民大学出版社 2014 年版。

[美] 约翰 · 鲁杰主编：《多边主义》，苏长和等译，浙江人民出版社 2003 年版，

陈志敏、肖佳灵、赵可金：《当代外交学》，北京大学出版社 2008 年版。

张贵洪、斯瓦兰 · 辛格：《亚洲的多边主义》，时事出版社 2012 年版。

丁银河：《冷战后欧洲联盟多边外交战略研究》，武汉大学出版社 2011 年版。

[英] 苏珊 · 斯特兰奇著，肖宏宇、耿协峰译：《权力流散——世界经济中的国家与非国家权威》，北京大学出版社 2005 年版。

［英］R. J. 文森特著，凌迪等译：《人权与国际关系》，知识出版社1998年版。

［瑞士］托马斯·弗莱纳著，谢鹏程译：《人权是什么?》，中国社会科学出版社2000年版。

陈力丹：《舆论——感觉周围的精神世界》，上海交通大学出版社2003年版。

李道揆：《美国政府与政治》，商务印书馆1999年版。

［美］汉斯·摩根索著，徐昕、郝望、李保平译：《国家间政治：权力斗争与和平》，北京大学出版社2014年版。

［英］P. 埃瑞克·洛著，陈晞、王振源译：《西方媒体如何影响政治》，新华出版社2013年版。

［美］沃尔特·李普曼著，阎克文、江红译：《公共舆论》，上海人民出版社2006年版。

［美］罗杰·希尔斯曼著，曹大鹏译：《美国是如何治理的》，商务印书馆1986年版。

［法］托克维尔著，董果良译：《论美国的民主》，商务印书馆2017年版。

阎学通：《中国国家利益分析》，天津人民出版社1996年版。

蔡拓、杨雪冬、吴志成主编：《全球治理概论》，北京大学出版社2016年版。

朱立群等主编：《全球治理：挑战与趋势》，社会科学文献出版社2014年版。

王义桅：《超越均势：全球治理与大国合作》，上海三联书店2008年版。

［美］奥兰·扬著，陈玉刚等译：《世界事务中的治理》，上海人民出版社2007年版。

［瑞典］英瓦尔·卡尔松、［圭］什里达特·兰法尔主编，赵仲强、李正凌译：《天涯成比邻——全球治理委员会的报告》，中国对外翻译出版公司1995年版。

[美] 詹姆斯·罗西瑙主编，张胜军等译：《没有政府的治理：世界政治中的秩序与变革》，江西人民出版社 2001 年版。

[美] 约瑟夫·奈、[美] 约翰·唐纳胡主编，王勇等译：《全球化世界的治理：世界政治中的秩序与变革》，世界知识出版社 2003 年版。

薄燕：《国际谈判与国内政治：美国与〈京都议定书〉谈判的实例》，上海三联书店 2007 年版。

《国家行动：利比亚大撤离》编委会主编：《国家行动：利比亚大撤离》，人民日报出版社 2011 年版。

何建明：《国家——2011 中国外交史上的空前行动》，作家出版社 2012 年版。

李志永：《“走出去”与中国海外利益保护机制研究》，世界知识出版社 2015 年版。

[美] 查尔斯·E. 贝克著，康青等译：《管理沟通——理论与实践的交融》，中国人民大学出版社 2003 年版。

[美] 唐·库什曼、杜·卡恩著，宋晓亮译：《人际沟通论》，知识出版社 1989 年版。

[美] 约翰·米尔斯海默著，王义桅、唐小松译：《大国政治的悲剧》，上海人民出版社 2014 年版。

[美] 小约瑟夫·奈、[加] 戴维·韦尔奇著，张小明译：《理解全球冲突与合作：理论与历史》，上海人民出版社 2018 年版。

邵志芳、高旭辰著：《社会认知》，上海人民出版社 2009 年版。

秦亚青主编：《文化与国际社会：建构主义国际关系理论研究》，世界知识出版社 2006 年版。

翟崑、周强、胡然主编：《“一带一路”案例实践与风险防范·政治安全篇》，海洋出版社 2017 年版。

二、中文期刊

丁韶彬：《国际道义视角下的发展援助》，《外交评论》2009 年第

4 期。

丁韶彬：《国际政治中弱者的权力》，《外交评论》2007 年第 3 期。

丁韶彬：《国际援助制度与发展治理》，《国际观察》2008 年第 2 期。

庞中英：《寻求与世界的价值关系》，《世界知识》2004 年第 14 期。

刘丽云：《国际政治学理论视角下的对外援助》，《教学与研究》2005 年第 10 期。

周弘：《对外援助与现代国际关系》，《欧洲》2002 年第 3 期。

周弘：《战略工具——美国的对外援助政策》，《国际贸易》2002 年第 1 期。

周弘：《中国对外援助与改革开放 30 年》，《世界经济与政治》2008 年第 11 期。

周弘：《中国援外六十年的回顾与展望》，《外交评论》2010 年第 5 期。

白云真：《中国对外援助的战略分析》，《世界经济与政治》2013 年第 5 期。

李安山：《东京非洲发展国际会议与日本援助非洲政策》，《西亚非洲》2008 年第 5 期。

周玉渊：《从东南亚到非洲：日本对外援助的政治经济学》，《当代亚太》2010 年第 3 期。

白如纯、吕耀东：《日本对非洲政策的演变与发展——以“非洲发展国际会议”为视点》，《日本学刊》2008 年第 5 期。

徐坚等：《多边主义与中国外交》，《教学与研究》2005 年第 8 期。

王逸舟：《新世纪的中国与多边外交》，《太平洋学报》2021 年第 4 期。

楚树龙：《多边外交：范畴、背景及中国的应对》，《世界经济与政治》2001 年第 10 期。

钱文荣：《关于多边主义、多边外交的几点理论和政策思考》，《世界经济与政治》2001 年第 10 期。

秦亚青：《多边主义研究：理论与方法》，《世界经济与政治》2001

年第 10 期。

李晓燕：《从多边主义到新多边主义：共识稀缺困境及其出路》，《学术界》2022 年第 5 期。

张蕴岭：《东亚合作与中国 - 东盟自由贸易区的建设》，《当代亚太》2002 年第 1 期。

张蕴岭：《打造中国 - 东盟自由贸易区升级版》，《东南亚纵横》2014 年第 10 期。

赵银亮：《建构东亚经济合作的新视角——中国 - 东盟自由贸易区的政治经济学分析》，《东南亚研究》2003 年第 6 期。

王鸣鸣：《公众舆论与美国对外政策》，《世界经济与政治》2002 年第 5 期。

王军：《网络民族主义、市民社会与中国外交》，《世界经济与政治》2010 年第 10 期。

李济时：《从英国脱欧公投看公投民主的理论与实践》，《当代世界与社会主义》2017 年第 4 期。

郭枭：《“脱欧”进程中英国主要政党的博弈与前景》，《当代世界》2019 年第 9 期。

刘益梅：《英国“脱欧”公投中的民粹主义现象分析》，《江苏行政学院学报》2017 年第 4 期。

薄燕：《“京都进程”的领导者：为什么是欧盟不是美国?》，《国际论坛》2008 年第 5 期。

薄燕：《环境治理中的国际组织：权威性及其来源——以联合国环境规划署为例》，《欧洲研究》2007 年第 1 期。

薄燕、高翔：《原则与规则：全球气候变化治理机制的变迁》，《世界经济与政治》2014 年第 2 期。

俞可平：《全球治理引论》，《马克思主义与现实》2002 年第 1 期。

蔡拓：《全球治理的中国视角与实践》，《中国社会科学》2004 年第 1 期。

秦亚青：《全球治理失灵与秩序理念的重建》，《世界经济与政治》

2013 年第 4 期。

苏长和：《大变局下的全球治理变革：挑战与前景》，《当代世界》2921 年第 7 期。

赵可金、倪世雄：《主权制度的历史考察及其未来重构》，《教学与研究》2005 年第 10 期。

卢锋等：《“金砖五国”的合作背景和前景》，《国际政治研究》2011 年第 2 期。

[美] 托马斯·卡罗瑟斯著，薄燕译：《市民社会》，《国外社会科学文摘》2000 年第 7 期。

[瑞士] 彼埃尔·德·塞纳克伦斯著，冯炳昆译：《治理与国际调节机制的危机》，《国际社会科学杂志》1999 年第 1 期。

苏长和：《论中国海外利益》，《世界经济与政治》2009 年第 8 期。

苏长和：《中国海外利益管理的新视角》，《探索与争鸣》2011 年第 8 期。

汪段泳：《海外利益实现与保护的国家差异——一项文献综述》，《国际观察》2009 年第 2 期。

张历历：《中国全力从利比亚大撤侨分析》，《当代世界》2011 年第 4 期。

张丹丹、孙德刚：《中国领事保护的整体思想与机制建设：以利比亚撤侨行动为例》，《国际论坛》2020 年第 3 期。

刘莲莲：《国家海外利益保护机制论析》，《世界经济与政治》2017 年第 10 期。

刘莲莲：《论国家海外利益保护机制的国际合法性：意义与路径》，《太平洋学报》2018 年第 6 期。

张曙光：《国家海外利益风险的外交管理》，《世界经济与政治》2009 年第 8 期。

李众敏：《中国海外经济利益保护战略刍论》，《世界经济与政治》2012 年第 8 期。

肖河：《“一带一路”与中国海外利益保护》，《区域与全球发展》

2017 年第 1 期。

王沛、林崇德:《社会认知研究的基本趋向》,载《心理科学》2003 年第 3 期。

潘玥:《中国海外高铁“政治化”问题研究——以印尼雅万高铁为例》,《当代亚太》2017 年第 5 期。

三、英文文献

John Baylis and Steve Smith, eds. , *The Globalization of World Politics*, Oxford University Press, 1998.

Harold Nicolson, *Diplomacy*, Oxford University Press, 1950.

D. A. Deese, *The New Politics of American Foreign Policy*, St Martin's Press. 1994.

Douglas. C. Foyle, *Counting the Public in*: *Presidents*, *Public Opinion and Foreign Policy*, Columbia University Press, 1999.

Ole R. Holsti, *Public Opinion and American Foreign Policy*, University of Michigan Press, 1994.

Gabriel A. Almond, *The American People and Foreign Policy*, Harcourt, Brace, 1950.

Malek (ed.), *News Media and Foreign Relations*: *A Multifaceted Perspective*, Norwood, Nj: Ablex, 1998.

David H. Lumsdaine, *Moral Vision in International Politics*: *the Foreign Aid Regime*, 1949 – 1989, Princeton, N. J. : Princeton University Press, 1993.

Helmut Führer, *The Story of Official Development Assistance*, Paris: Organization for Economic Co – operation and Development, 1996.

Michael G. Schechter (ed.), *Future Mutilateralism*, St. Martin's Press, 1999.

Akira Iriye, *Global Community*: *The Role of International Organizations in the Making of the Contemporary World*, Berkeley, Los Angeles and London: University of California Press, 2002.

Harold D. Lasswell, *Propaganda Technique in World War I*, Cambridge, Mass. , the MIT Press, 1971.

Garth S. Jowett and Victoria O'Donnell, *Propaganda and Persuasion* (fourth edition), Thousand Oaks, London and New Delhi: Sage Publications, 2006.

William Mark Habeeb, *Power and Tactics in International Negotiation: How Weak Nations Bargain with Strong Nations*, Baltimore: Johns Hopkins University Press, 1988.

Costas M. Constantinou eds. , Cultures and Politics of Global Communication, Cambridge: Cambridge University Press, 2008.

Michael G. Schechter (ed.), *Future Mutilateralism*, St. Martin's Press, 1999.

Akira Iriye, *Global Community: The Role of International Organizations in the Making of the Contemporary World*, Berkeley, Los Angeles and London: University of California Press, 2002.

David Held eds, *A Globalizing World? Culture, Economics, Politics*, Routledge, 2004.

Larsson, L. , "Journalist and Politicians: A Relationship Requiring A Manoeuvring Space", *Journalism Studies*, 3 (1), 2002.

Tanweer Akram, "The International Foreign Aid Regime: Who Gets Foreign Aid and How Much?", *Applied Economics*, Vol. 35, Iss. 11, July 2003.

Hans Morgenthau, "A Political Theory of Foreign Aid," *The American Political Science Review*, Vol. 56, No. 2, June 1962.

Michael Barnett and Raymond Duvall, "Power in International Politics," *International Organization*, Vol. 59, No. 1, Winter, 2005.

Robert Dahl, "The Concept of Power," *Behavioral Science*, Vol. 2, No. 3, July, 1957.

K. B. Griffin, J. L. Enos, "Foreign Assistance: Objectives and Consequences," *Economics, Development and Cultural Change*, Vol. 18, No. 3, April 1970.

John GerardRuggie, "Multilateralism: The Anatomy of an Institution," *International Organization*, Vol. 46, No. 3, 1992.

Lisa L. Martin, "Interests, Power, and Multilateralism," *International Organization*, Vol. 46, No. 4, 1992.

Ashley Jackson, "Empire and Beyond: The Pursuit of Overseas National Interests in the Late Twentieth Century," *The English Historical Review*. December 2007. CXXII (499).

John B. Richardson, "Power and Persuasion in International Relations: A Comparison of EU and U. S. Approaches," *Seton Hall Journal of Diplomacy and International Relations*, Vol. 4, No. 2, Summer – fall 2003.

James I. Walsh, "Persuasion in International Politics: A Rationalist Account," *Politics & Policy*, Vol. 33, No. 4, December 2005.

JeromeGygax, "US Sport and Cultural Diplomacy, Persuasion and Propaganda during the Cold War," *Relations Internationales*, No. 123, Autumn 2005.

Rodger A. Payne, "Persuasion, Frames and Norm Construction," *European Journal of International Relations*, Vol. 7, No. 1, Mar 2001.

图书在版编目（CIP）数据

外交案例分析／李春霞著．—北京：时事出版社，2024.3
ISBN 978-7-5195-0561-5

Ⅰ．①外…　Ⅱ．①李…　Ⅲ．①外交—案例—世界　Ⅳ．①D81

中国国家版本馆 CIP 数据核字（2024）第 033601 号

出版发行：时事出版社
地　　址：北京市海淀区彰化路 138 号西荣阁 B 座 G2 层
邮　　编：100097
发行热线：（010）88869831　88869832
传　　真：（010）88869875
电子邮箱：shishichubanshe@sina.com
印　　刷：北京良义印刷科技有限公司

开本：787×1092　1/16　印张：11.25　字数：154 千字
2024 年 3 月第 1 版　2024 年 3 月第 1 次印刷
定价：66.00 元
（如有印装质量问题，请与本社发行部联系调换）